Cuisine pour mon Bébé

Le contenu de cet ouvrage a déjà été publié dans les ouvrages suivants, collection « Toquades », © éditions First :

Recettes pour bébé (2007), *Une cuillère pour maman* (2010), *Les Petits Pots de bébé* (2011).

ISBN : 978-2-7540-8308-9
Dépôt légal : février 2016
Imprimé en Espagne
Photos de couverture : © Julie Mechali, Jean Bono et Bernard Radvaner
Stylisme d'Isabelle Guerre, Marie Joub et Anne-Sophie Lhomme
Direction éditoriale : Aurélie Starckmann
Édition : Christine Cameau
Conception graphique : Chrystel Proupuech / Luigi Carli
Maquette : Istria

Éditions First, un département d'Édi8
12, avenue d'Italie
75013 Paris, France
Tél. : 01 44 16 09 00
Fax : 01 44 16 09 01
E-mail : firstinfo@efirst.com
Site internet : www.editionsfirst.fr

Cuisine pour mon Bébé

250 RECETTES testées, goûtées et appréciées

FIRST Editions

Sommaire

Mes p'tits légumes

Pour 1 petit pot
Préparation : 10 min
Cuisson : 10 min
Difficulté : *

€ € € €

- 1 couteau
- 1 poêle
- 1 couvercle
- 1 mixeur
- 1 pot en verre

INGRÉDIENTS :

- 1 poireau
- 1 verre d'eau minérale (12 cl)
- 1 cuil. à café d'huile d'olive ou de colza

Fondue de poireau

Dès 5 mois

Lavez soigneusement le poireau pour retirer la terre après avoir enlevé la partie fibreuse du haut, la racine et les feuilles du pourtour (ne gardez que le blanc).

Coupez-le en deux dans le sens de la longueur et lavez-le sous l'eau. Détaillez la partie blanche du poireau en fines lamelles.

Dans une poêle, faites revenir doucement dans l'huile le blanc de poireau émincé, puis ajoutez l'eau petit à petit. Couvrez, laissez cuire à feu doux pendant 10 minutes environ, jusqu'à ce qu'il devienne fondant, sans cesser de remuer.

Mixez le blanc de poireau avec son jus de cuisson.

Versez cette préparation dans le petit pot. Vérifiez bien la température avant de donner à la petite cuillère.

variante

Vous pouvez conserver le vert du poireau pour réaliser un velouté pour les plus grands, en ajoutant quelques carottes, pommes de terre, et un peu de crème.

c'est bon pour lui

Le blanc de poireau est riche en pectine. Il joue un rôle régulateur doux sur le transit intestinal. Il a aussi une saveur douce, sucrée, délicate et agréable.

Mixé vert (haricots verts et pomme de terre)

Dès 5 mois

Pour 1 petit pot
Préparation : 10 min
Cuisson : 20 min
Difficulté : *

€ € € €

- 1 économe • 1 couteau
- 1 couvercle • 1 casserole
- 1 passoire • 1 mixeur
- 1 petit pot

INGRÉDIENTS :

- 1 pomme de terre
- 50 g de haricots verts
- 25 cl d'eau minérale
- 10 cl de lait 2e âge

Épluchez la pomme de terre et lavez-la. Coupez-la en petits morceaux. Effilez les haricots verts en cassant les pointes. Lavez-les et coupez-les en petits tronçons.

Plongez tous les légumes dans l'eau minérale froide. Ne salez pas. Couvrez et portez à ébullition. Baissez le feu et laissez cuire 20 minutes. Égouttez les légumes. Recueillez le jus de cuisson.

Mettez dans le mixeur les légumes avec le lait. Mixez jusqu'à obtenir une purée homogène. Ajoutez un peu de jus de cuisson des légumes si la purée vous paraît trop épaisse.

Versez cette préparation dans le petit pot. Vérifiez bien la température avant de donner à la petite cuillère.

Purée de carotte à l'orange

Dès 5 mois

Pour 1 petit pot
Préparation : 10 min
Cuisson : 15 min
Difficulté : *

€ € € €

- 1 économe • 1 couteau
- 1 zesteur • 1 casserole
- 1 couvercle
- 1 presse-fruits
- 1 mixeur
- 1 petit pot

INGRÉDIENTS :

- 1/2 carotte bio (50 g)
- 1/2 orange à jus non traitée
- 2 brins de cerfeuil
- 1/2 verre d'eau minérale (6 cl)

Lavez, épluchez et coupez la carotte en très petits dés ou en fines rondelles.

Lavez soigneusement l'orange. Prélevez 1 cuillerée à café de zestes, pressez le jus. Lavez, égouttez et effeuillez le cerfeuil.

Dans une casserole, mettez les carottes. Ajoutez l'eau, le jus et les zestes d'orange, le cerfeuil. Couvrez, laissez cuire 15 minutes.

Dans un bol mixeur, versez le jus de cuisson et les carottes. Mixez afin d'obtenir une fine purée.

Versez cette préparation dans le petit pot. Vérifiez bien la température avant de donner à la petite cuillère.

Pour 2 petits pots
Préparation : 10 min
Cuisson : 12 min
Difficulté : *

€ € € €

- 1 couteau
- 1 économe
- 1 casserole
- 1 couvercle
- 1 poêle
- 1 mixeur
- 2 petits pots

INGRÉDIENTS :

- 1 courgette
- 1 cuil. à soupe de polenta instantanée bio
- 1 verre de lait 2e âge (12 cl)
- 2 cuil. à café d'huile de colza
- quelques gouttes de jus de citron

Purée de courgette
et de polenta

Dès 5 mois

Coupez les extrémités de la courgette, épluchez-la et lavez-la à l'eau citronnée. Détaillez la courgette en petits dés.

Mettez le lait dans une casserole. Portez lentement à ébullition. Versez la polenta en pluie. Faites cuire 2 minutes à feu doux sans cesser de remuer jusqu'à ce que le mélange épaississe.

Faites chauffer doucement l'huile de colza dans une poêle. Ajoutez les dés de courgette. Faites cuire à couvert et à feu doux pendant 10 minutes jusqu'à ce qu'ils deviennent tendres.

Dans un bol mixeur, placez la polenta et les dés de courgette. Mixez afin d'obtenir une purée homogène.

Versez cette préparation dans les petits pots. Vérifiez bien la température puis donnez cette purée à la petite cuillère.

variante

Vous pouvez réaliser cette recette avec des petits pois frais ou surgelés, quelques bouquets de brocoli ou de chou-fleur.

c'est bon pour lui

La courgette est un des légumes les moins caloriques. Elle est riche en vitamine A (carotène), en potassium, en vitamine C et en magnésium. Ses fibres solubles sont abondantes et très bien tolérées.

MES P'TITS LÉGUMES

Pour 1 petit pot
Préparation : 20 min
Cuisson : 15 min
Difficulté : *

€ € € €

- **1 plat allant au four à micro-ondes**
- **1 couteau**
- **film alimentaire**
- **1 poêle**
- **1 couvercle**
- **1 mixeur**
- **1 petit pot**

INGRÉDIENTS :

- **2 petits artichauts**
- **10 cl de lait 2e âge**
- **2 cuil. à café d'huile de colza**

MES P'TITS LÉGUMES

Purée d'artichauts

Dès 5 mois

Pour une cuisson au four à micro-ondes : coupez la queue des artichauts, retirez les feuilles dures et enveloppez les artichauts ainsi préparés dans un film alimentaire. Piquez-les de quelques coups de la pointe d'un couteau.

Posez-les sur un plat non métallique. Faites cuire 10 minutes à 600 watts. Laissez reposer 5 minutes. Débarrassez les artichauts de toutes leurs feuilles. Ôtez le foin du cœur.

Coupez les fonds d'artichauts en fines lamelles. Faites-les sauter dans une poêle avec l'huile de colza. Ajoutez le lait. Couvrez. Laissez cuire 5 minutes.

Placez cette préparation dans la cuve du mixeur. Mixez jusqu'à ce que le mélange devienne lisse et homogène. Versez dans le petit pot. Vérifiez bien la température avant de donner cette purée à la petite cuillère.

variante

Vous pouvez aussi réaliser cette recette avec des fonds d'artichauts surgelés. Ajoutez un peu de purée de carotte ou de pomme de terre.

c'est bon pour lui

L'apport minéral de l'artichaut est élevé. Il contribue donc activement à couvrir les besoins, au niveau osseux (calcium, magnésium, phosphore), mais il favorise également la synthèse des globules rouges, grâce à la présence de fer, cuivre, zinc et de nombreuses vitamines du groupe B (en particulier B9).

Pour 1 petit pot
Préparation : 5 min
Cuisson : 5 min
Difficulté : *

- 1 casserole • 1 couteau
- 1 passoire • 1 couvercle
- 1 mixeur • 1 petit pot

INGRÉDIENTS :

- 1 petit cœur de laitue (de frisée, de batavia ou de feuille-de-chêne)
- 2 c. à c. de jardinière de légumes
- 1 c. à c. de maïs en grains (non génétiquement modifié)
- 1 verre de lait 2e âge (12 cl)
- jus de citron

Crème de laitue et de jardinière

Dès 5 mois

Retirez la partie centrale et dure du cœur de laitue. Lavez soigneusement les parties tendres à l'eau citronnée. Égouttez.

Mettez-les dans une casserole. Versez le lait. Couvrez. Laissez cuire doucement sur feu doux 5 minutes.

Placez cette préparation dans la cuve d'un mixeur. Ajoutez la jardinière de légumes, le maïs égoutté. Mixez. Faites réchauffer sur feu doux.

Versez dans le petit pot. Vérifiez bien la température puis donnez cette préparation à la petite cuillère.

Pour 2 petits pots
Préparation : 15 min
Cuisson : 5 min
Difficulté : *

- 1 biberon • 1 couteau
- 1 autocuiseur • 1 mixeur
- 2 petits pots

INGRÉDIENTS :

- 1 aubergine
- 24 cl d'eau minérale
- 1 verre de lait 2e âge (12 cl)
- 4 c. à c. de yaourt (éventuellement au soja bio, de temps en temps)
- 4 brins de cerfeuil

Crème d'aubergine au yaourt

Dès 5 mois

Remplissez le biberon d'eau minérale. Ajoutez le lait. Mélangez bien. Réservez au frais.

Lavez, égouttez le cerfeuil, effeuillez-le. Rincez l'aubergine sous l'eau, essuyez-la. Coupez-la en deux dans le sens de la longueur.

Versez 1 litre d'eau dans l'autocuiseur. Placez les moitiés de l'aubergine dans le panier de cuisson. Laissez cuire 5 minutes dès que la soupape chuchote. Grattez la pulpe avec une petite cuillère. Placez-la dans la cuve du mixeur. Ajoutez le yaourt, le lait froid et le cerfeuil. Mixez jusqu'à ce que le mélange devienne lisse et homogène.

Versez dans les petits pots. Vérifiez bien la température avant de donner cette préparation à la petite cuillère.

Pour 1 portion
Préparation : 5 min
Cuisson : 5 min
Difficulté : *

€ € € €

- 1 casserole
- 1 fouet
- 1 pot en verre (celui du yaourt)
- 1 petite cuillère

INGRÉDIENTS :

- 1 yaourt nature
- 10 cl de lait 2e âge
- 1 jaune d'œuf bio
- 2 brins de ciboulette

Crémette
à la ciboulette

Dès 5 mois

Videz le yaourt dans une casserole. Rincez le pot et essuyez-le soigneusement.

Ajoutez au yaourt le lait, le jaune d'œuf, la ciboulette hachée très finement. Mélangez bien à l'aide d'un fouet.

Faites tiédir 5 minutes sur feu doux, sans cesser de remuer.

Reversez cette préparation dans le pot de yaourt vide. Vérifiez la température. Servez à la petite cuillère.

Pour 1 portion
Préparation : 10 min
Cuisson : 5 min
Réfrigération : 15 min
Difficulté : *

€ € € €

- 1 biberon
- 1 casserole
- 1 couvercle
- 1 mixeur

INGRÉDIENTS :

- 1 petit cœur de laitue
- 18 cl d'eau minérale
- 6 cl de lait 2e âge
- 2 brins de persil plat

Mixé frais
au cœur de laitue

Dès 5 mois

Remplissez le biberon d'eau minérale jusqu'à 120 ml. Ajoutez le lait 2e âge. Refermez le biberon. Mélangez bien et réservez au frais.

Lavez, égouttez le persil plat, effeuillez-le. Lavez, égouttez le cœur de laitue. Détachez les feuilles, coupez les parties dures.

Placez les feuilles de laitue et le persil effeuillé dans une casserole. Ajoutez le reste d'eau minérale. Couvrez, laissez cuire 5 minutes environ.

Mixez les légumes avec leur jus de cuisson.

Laissez refroidir au frais 15 minutes. Versez cette préparation dans le biberon. Mélangez bien. Servez aussitôt.

Pour 1 portion
Préparation : 10 min
Cuisson : 10 min
Difficulté : *

- 1 autocuiseur
- 1 casserole
- 1 économe
- 1 mixeur
- 1 petit bol ou 1 biberon

INGRÉDIENTS :

- 1 beau poireau
- 1 petite pomme de terre (50 g)
- 18 cl de lait 2e âge

Potage de poireau
et pomme de terre

Dès 5 mois

Éliminez le vert du poireau et les racines de manière à obtenir environ 100 g de blanc de poireau. Lavez-le et coupez-le en tronçons. Pelez la pomme de terre, lavez-la et coupez-la en deux.

Versez de l'eau au fond de l'autocuiseur et déposez les légumes dans le panier de cuisson placé en partie haute. Fermez l'autocuiseur et faites cuire 8 minutes à partir de la rotation de la soupape.

Une fois les légumes cuits, éteignez le feu en laissant l'autocuiseur fermé pour conserver les légumes au chaud et faites tiédir le lait au micro-ondes ou dans une casserole.

Mixez les légumes avec le lait tiède, vérifiez la température et versez la préparation dans un petit bol ou dans un biberon.

variante

Remplacez le blanc de poireau par d'autres légumes très digestes, comme des jeunes courgettes pelées et épépinées ou des haricots verts extra-fins.

c'est bon pour lui

Cette recette constitue une bonne transition entre le repas purement lacté et l'introduction de légumes.

Le vert de poireau est retiré car il est indigeste.

Pour 1 portion
Préparation : 15 min
Cuisson : 10 min
Difficulté : *

€ € € €

- 1 autocuiseur
- 1 casserole
- 1 économe
- 1 mixeur
- 1 petite assiette

INGRÉDIENTS :

- 150 g de haricots verts extra-fins
- 1 petite pomme de terre (50 g)
- 3 cuil. à soupe de lait 2e âge

Purée de haricots verts

Dès 5 mois

Équeutez et effilez les haricots verts, pelez la pomme de terre. Lavez les haricots, passez la pomme de terre sous l'eau et coupez-la en deux.

Versez de l'eau dans l'autocuiseur et placez les légumes dans le panier de cuisson placé en position haute. Fermez le couvercle et laissez cuire 10 minutes à partir de la rotation de la soupape.

Faites chauffer le lait au micro-ondes ou dans une casserole. Mixez les légumes avec le lait jusqu'à ce que le mélange soit bien homogène.

Versez la purée dans une petite assiette et servez à bonne température (faites réchauffer au micro-ondes si nécessaire).

variante

Les haricots verts peuvent être remplacés par d'autres légumes tout aussi digestes : salade cuite, blanc de poireau ou jeunes carottes.

c'est bon pour lui

En ajoutant davantage de lait, vous pouvez transformer cette purée en soupe lactée.

Pour 1 petit pot
Préparation : 15 min
Cuisson : 10 min
Difficulté : *
€ € € €

- 1 casserole
- 1 couvercle
- 1 passoire
- 1 couteau
- 1 mixeur
- 1 petit pot

INGRÉDIENTS :

- 1 grosse pomme de terre nouvelle
- 1 cuil. à soupe de yaourt nature (ou yaourt de soja bio, de temps en temps)
- 2 brins d'aneth frais

Purée de pomme de terre à l'aneth

De 6 à 9 mois

Placez la pomme de terre, simplement lavée, dans une casserole d'eau bouillante. Couvrez. Laissez cuire 10 minutes. Égouttez.

Rincez les brins d'aneth. Effeuillez-les. Coupez-les très finement.

Pelez la pomme de terre, coupez-la en dés. Placez-les dans le bol du mixeur. Ajoutez le yaourt. Mixez jusqu'à obtenir une purée homogène.

Versez cette préparation dans le petit pot. Saupoudrez d'aneth.

Vérifiez bien la température avant de donner à la petite cuillère.

variante

Vous pouvez réaliser cette recette avec des carottes, de la courgette, ou remplacer le yaourt par un petit-suisse ou une préparation au soja bio.

c'est bon pour lui

Source exceptionnelle de minéraux (principalement du magnésium, du potassium, du fer), la pomme de terre contient aussi de la vitamine B et surtout C en grande quantité (15 mg/100 g), ce qui est unique pour un féculent et facilement assimilable. L'épluchage après cuisson permet de conserver la vitamine C.

Riz aux légumes

De 6 à 9 mois

Pour 1 petit pot
Préparation : 10 min
Cuisson : 15 min
Difficulté : *

- 1 couteau
- 1 économe
- 1 mixeur
- 1 casserole
- 1 couvercle
- 1 petit pot

INGRÉDIENTS :

- 30 g de riz long grain
- 1/4 de poivron rouge
- 1/2 courgette de taille moyenne
- 10 g de céleri-boule
- 3 cl de lait 2e âge

Épluchez et épépinez le poivron. Coupez les 2 extrémités de la courgette. Pelez-la. Ouvrez-la en deux dans le sens de la longueur. Avec une petite cuillère, enlevez les graines. Lavez la courgette et le céleri épluché sous l'eau froide.

Coupez tous les légumes en petits dés.

Dans une casserole, versez le lait, ajoutez le riz, les légumes. Couvrez, laissez cuire à feu doux pendant 15 minutes.

Mettez cette préparation dans le bol du mixeur. Mixez le tout jusqu'à obtenir une purée homogène.

Versez cette préparation dans le petit pot. Vérifiez bien la température avant de donner à la petite cuillère.

Purée de courgette, citron et fromage blanc

De 6 à 9 mois

Pour 1 petit pot
Préparation : 10 min
Cuisson : 10 min
Difficulté : *

- 1 couteau
- 1 autocuiseur
- 1 mixeur
- 1 petit pot

INGRÉDIENTS :

- 1 courgette de taille moyenne
- 20 g de fromage blanc (ou 10 g de purée d'amandes)
- 1 c. à c. de jus de citron

Coupez les 2 extrémités de la courgette. Lavez-la soigneusement sans la peler. Ouvrez-la en deux dans le sens de la longueur. Avec une petite cuillère, enlevez les graines.

Coupez la chair en petits dés. Faites cuire 10 minutes à la vapeur dans un autocuiseur, puis mettez les dés de courgette dans le bol du mixeur. Ajoutez le jus de citron et le fromage blanc. Mixez le tout jusqu'à obtenir une purée homogène.

Versez cette préparation dans le petit pot. Vérifiez bien la température avant de donner à la petite cuillère.

Pour 1 portion
Préparation : 5 min
Cuisson : 10 min
Difficulté : *

€ € € €

- 1 petite casserole
- 1 bol ou 1 biberon

INGRÉDIENTS :

- 20 cl de lait 2e âge
- 10 g (1 cuil. à soupe) de tapioca

Potage de tapioca
au lait

De 6 à 9 mois

Dans une petite casserole, faites chauffer le lait jusqu'à ébullition.

Versez le tapioca dans le lait bouillant.

Laissez épaissir à feu doux pendant 8 minutes en remuant régulièrement.

Versez dans un bol ou un biberon et vérifiez la température avant de servir.

variante

Remplacez le tapioca par de la semoule, du vermicelle ou des perles du Japon.

c'est bon pour lui

Le tapioca, issu de la racine de manioc, est riche en amidon. Il épaissit les préparations et ne contient pas de gluten.

Pour 1 portion
Préparation : 10 min
Cuisson : 5 min
Difficulté : *

€ € € €

- 1 autocuiseur
- 1 casserole
- 1 économe
- 1 mixeur
- 1 bol ou 1 biberon

INGRÉDIENTS :

- 8 asperges vertes ou blanches
- 1 petite pomme de terre (50 g)
- 15 cl de lait 2e âge

Soupe d'asperges

De 6 à 9 mois

Lavez les asperges, pelez-les avec un économe et coupez l'extrémité fibreuse. Découpez chaque asperge en trois.

Pelez la pomme de terre, lavez-la et coupez-la en quatre. Versez 20 cl d'eau dans l'autocuiseur, mettez les asperges et la pomme de terre dans le panier de cuisson en position basse.

Fermez le couvercle et faites cuire pendant 5 minutes à partir de la rotation de la soupape. Pendant ce temps, faites tiédir le lait dans une casserole ou au four à micro-ondes.

Retirez les légumes et mixez-les avec le lait. Ajoutez un peu d'eau de cuisson selon la consistance souhaitée, mélangez et versez dans un bol ou un biberon.

variante

Remplacez le liant apporté par la pomme de terre par 3 cuillerées à café rases de fécule de maïs ou de crème de riz.

c'est bon pour lui

L'asperge a une teneur intéressante en vitamine C (deux fois plus élevée que celle de la carotte) et c'est l'un des végétaux les mieux pourvus en vitamines du groupe B.

Pour 1 portion
Préparation : 10 min
Cuisson : 20 min
Difficulté : *

€ € € €

- 1 casserole
- 1 couvercle
- 1 mixeur
- papier absorbant
- 1 bol ou 1 biberon

INGRÉDIENTS :

- 150 g de champignons de Paris
- 12 cl de lait 2e âge

Velouté aux champignons

De 6 à 9 mois

Coupez la base des pieds des champignons, lavez-les rapidement dans deux eaux et séchez-les avec un papier absorbant.

Émincez les champignons en fines lamelles, mettez-les dans une casserole, ajoutez le lait et 12 cl d'eau, puis laissez mijoter avec un couvercle pendant 20 minutes.

Mixez les champignons avec leur liquide de cuisson (en adaptant la quantité selon la consistance souhaitée).

Versez le velouté dans un bol ou un biberon et servez à bonne température.

variante

Remplacez les champignons par des épinards, des carottes ou des jeunes courgettes pelées et épépinées.

c'est bon pour lui

Avec ce velouté, faites profiter votre bébé d'un apport en fibres stimulant la motricité intestinale, et d'une richesse particulière en vitamines du groupe B et en oligoéléments.

MES P'TITS LÉGUMES

Pour 3 portions
Préparation : 10 min
Cuisson : 15 min
Difficulté : *

€ € € €

- 1 casserole
- 1 mixeur
- 1 petite assiette
- 1 économe

INGRÉDIENTS :

- 120 g de carottes
- 30 g de haricots verts
- 60 g de brocoli
- 2 cuil. à soupe de maïs en grains
- 60 g de petites pâtes
- 35 cl de lait infantile

Purée de pâtes aux légumes

De 6 à 9 mois

Épluchez les carottes. Effilez les haricots verts. Coupez les parties dures des bouquets de brocoli. Rincez les légumes à l'eau froide, coupez-les en petits morceaux.

Plongez-les avec le maïs dans une casserole contenant une grande quantité d'eau froide. Portez à ébullition, puis laissez cuire 15 minutes à feu doux, sans couvrir, et, 3 minutes avant la fin de cuisson, ajoutez les pâtes. Égouttez.

Mixez cette préparation en purée en incorporant le lait légèrement tiède. Mélangez bien.

Déposez la purée sur l'assiette ou dans un bol et servez à bonne température.

variante

Vous pouvez agrémenter cette purée d'un peu de fromage râpé ou à tartiner pour la rendre encore plus onctueuse. Vous pouvez aussi compléter ce plat avec 10 à 20 g de blanc de poulet ou de jambon haché.

c'est bon pour lui

Cette purée a l'avantage de pouvoir être congelée. Il est conseillé d'ajouter un peu d'eau minérale avant et au moment de la décongélation, car la purée épaissit en refroidissant.

Pour 1 portion
Préparation : 10 min
Cuisson : 4 min
Difficulté : *

€ € € €

- 1 plat creux et 1 couvercle pour micro-ondes
- 1 économe
- 1 mixeur
- 1 petit ramequin
- 1 assiette

INGRÉDIENTS :

- 200 g d'aubergine
- 20 g de fromage de chèvre frais
- 2 cuil. à soupe de lait
- 1 cuil. à café d'huile d'olive
- 1 pincée de noix muscade en poudre

Purée d'aubergine
au chèvre frais

De 6 à 9 mois

Pelez l'aubergine avec un économe puis découpez-la en petits morceaux.

Placez ces morceaux dans un plat creux, couvrez et faites cuire au four à micro-ondes pendant environ 4 minutes. Laissez reposer quelques minutes.

Dans un petit ramequin, coupez le fromage en petits morceaux, ajoutez le lait et faites fondre environ 10 secondes au micro-ondes.

Mixez les morceaux d'aubergine avec l'huile d'olive, le fromage fondu et la muscade. Présentez la purée sur une assiette et mélangez.

variante

Remplacez l'aubergine par de jeunes courgettes épépinées, des champignons ou du blanc de poireau.

c'est bon pour lui

Le fromage de chèvre frais est beaucoup moins salé que le fromage plus sec, ce qui convient mieux aux tout-petits.

Pour 4 portions
Préparation : 10 min
Cuisson : 20 min
Difficulté : *

€ € € €

- 1 casserole
- 1 mixeur
- 1 passoire
- 1 petite assiette
- 1 économe

INGRÉDIENTS :

- 350 g de carottes
- 170 g de pommes de terre
- 60 g de lentilles corail (ou roses)
- 2 brins de coriandre ou de persil plat
- 30 cl de lait 2e âge

Purée de carotte aux lentilles

De 6 à 9 mois

Épluchez les carottes et les pommes de terre. Rincez les légumes sous l'eau froide. Coupez-les en petits dés.

Rincez les brins de coriandre ou de persil plat, effeuillez-les.

Dans une casserole, mettez les dés de carotte et de pomme de terre.

Ajoutez les lentilles corail rincées, la coriandre ou le persil et le lait. Couvrez, et faites cuire 20 minutes à feu doux.

Mixez cette préparation quelques secondes, de manière à obtenir une fine purée. Filtrez-la à travers une passoire, écrasez et pressez-la pour bien récupérer la chair des légumes.

Versez cette crème dans une assiette et servez tiède.

variante

Il est toujours possible d'acheter des lentilles vertes, brunes ou blondes en boîte ou en bocal. Dans ce cas, réchauffez-les à feu doux dans leur jus, puis passez-les sous le robinet d'eau chaude avant de les incorporer à la purée.

c'est bon pour lui

Les lentilles sont riches en fibres, qui favorisent la régulation du transit intestinal, ainsi qu'en vitamines du groupe B : potassium, calcium, phosphore, zinc, magnésium, cuivre… On y trouve aussi du fer.

Pour 1 portion
Préparation : 10 min
Cuisson : 5 min
Difficulté : *

€ € € €

- 2 casseroles
- 1 petite assiette

INGRÉDIENTS :

- 130 g de ratatouille en petit pot
- 2 cuil. à soupe rases de semoule fine
- 10 cl de lait 2e âge

Semoule
à la ratatouille

De 6 à 9 mois

Dans une casserole, versez le lait et faites-le chauffer doucement sur feu doux.

Ajoutez la semoule en pluie. Portez à ébullition. Laissez gonfler 3 minutes en remuant constamment.

Retirez la casserole du feu. Ajoutez la ratatouille préalablement réchauffée sur feu doux. Mélangez bien.

Versez cette semoule dans une petite assiette ou un bol et servez à bonne température.

variante

Vous pouvez remplacer le petit pot de ratatouille par une purée de courgette, ou de carotte.

c'est bon pour lui

La semoule de blé est le produit de la fragmentation fine du grain de blé dur. Elle peut être remplacée par une semoule de maïs (polenta), de manioc (tapioca) ou par de la Floraline®, une farine infantile riche en glucides, protéines végétales et magnésium, très facile à préparer, légère et très digeste.

Œuf sur lit d'épinards

De 6 à 9 mois

Pour 1 portion
Préparation : 5 min
Cuisson : 15 min
Difficulté : *

€ € € €

- 1 autocuiseur
- 1 mixeur
- 1 casserole
- 1 poêle
- 1 spatule
- 1 petite assiette creuse

INGRÉDIENTS :

- 100 g d'épinards frais
- 20 g de fromage blanc battu à 40 %
- 1 œuf extra-frais

Lavez, coupez les queues des épinards au ras des feuilles.

Versez de l'eau au fond de l'autocuiseur, placez les feuilles d'épinards dans le panier de cuisson en position haute. Faites cuire 5 minutes à la vapeur, à partir de la rotation de la soupape.

Mixez les épinards. Incorporez le fromage blanc. Mélangez bien.

Faites cuire l'oeuf sur le plat dans une poêle antiadhésive. Décollez délicatement le jaune d'oeuf du blanc.

Réchauffez la crème d'épinards à feu doux. Versez-la dans une assiette creuse. Déposez dessus le jaune d'oeuf. Mélangez au moment de servir.

variante

Vous pouvez ajouter, au moment de la cuisson des épinards, 1 à 2 champignons de Paris émincés finement.

c'est bon pour lui

Seul le jaune de l'oeuf est consommé jusqu'à l'âge de 1 an. Choisissez de préférence des oeufs extra-frais, commercialisés dans les huit jours qui suivent la ponte. Le blanc d'oeuf cuit peut être introduit dans une salade à partir de 1 an.

Pour 1 petit pot
Préparation : 10 min
Cuisson : 20 min
Difficulté : *

€ € € €

- 1 économe
- 1 couteau
- 3 casseroles
- 1 mixeur
- 1 passoire
- 1 petit pot

INGRÉDIENTS :

- 1 carotte
- 1 tomate
- 1 cuil. à soupe de vermicelles
- 1 feuille de céleri-branche

Vermicelles à la carotte et à la tomate

De 6 à 9 mois

Épluchez la carotte. Lavez-la et coupez-la en fines rondelles. Mettez-les dans une casserole. Ajoutez la feuille de céleri. Couvrez avec environ 60 cl d'eau. Laissez cuire 15 minutes.

Plongez la tomate quelques secondes dans de l'eau bouillante. Pelez-la, coupez-la en quatre, retirez les graines. Ajoutez-la aux carottes 5 minutes avant la fin de la cuisson.

Faites cuire les vermicelles 4 minutes dans une petite casserole d'eau bouillante. Égouttez.

Mettez les légumes et leur eau de cuisson dans le bol d'un mixeur. Mixez jusqu'à obtenir une purée homogène. Ajoutez les vermicelles. Mélangez bien.

Versez cette préparation dans le petit pot. Vérifiez bien la température avant de donner à la petite cuillère.

variante

Vous pouvez utiliser d'autres variétés de pâtes, type alphabet, étoiles, des pâtes au blé complet, etc.

c'est bon pour lui

L'association de féculents et de légumes répond bien aux besoins nutritionnels des tout-petits. Riches en amidon (sucre lent), les pâtes fournissent de l'énergie utilisée progressivement par l'organisme.

Petit flan à la carotte

De 6 à 9 mois

Pour 1 petit pot
Préparation : 10 min
Cuisson : 10 min
Difficulté : *

€ € € €

- 1 économe
- 1 couteau
- 1 autocuiseur
- 1 mixeur
- 1 plat allant au four
- 1 petit pot

INGRÉDIENTS :

- 1 carotte bio
- 1/4 d'oignon
- 1 feuille de laurier
- 1 branche de thym
- 1 jaune d'œuf extra-frais
- 1 noisette de beurre au lait cru

Pelez et lavez la carotte. Coupez-la en fines rondelles. Émincez finement l'oignon. Préchauffez le four à 180 °C (th. 6).

Versez 50 cl d'eau dans le fond d'un autocuiseur. Ajoutez la feuille de laurier et la branche de thym. Mettez les rondelles de carotte et les émincés d'oignon dans le panier de cuisson de l'autocuiseur. Placez-le sur la partie haute.

Faites cuire 5 minutes dès que la soupape chuchote. Laissez tiédir les légumes avant de les mettre dans le bol du mixeur. Ajoutez le jaune d'œuf. Mixez jusqu'à obtenir une purée lisse et homogène. Incorporez la noisette de beurre.

Versez cette préparation dans le petit pot. Placez-le au bain-marie dans un plat allant au four. Laissez cuire 5 minutes. Vérifiez bien la température avant de donner à la petite cuillère.

variante

Vous pouvez bien sûr remplacer la carotte par d'autres légumes (petits bouquets de brocoli ou de chou-fleur, etc.).

c'est bon pour lui

Même modérée, la consommation d'oignon permet de profiter d'apports nutritionnels intéressants : vitamine C, potassium et autres nombreux oligoéléments. De quoi vous inciter à introduire ce légume-condiment dans les préparations destinées aux tout-petits.

Crème de petits pois

De 6 à 9 mois

Pour 1 portion
Préparation : 25 min
Cuisson : 10 min
Difficulté : *
€ € € €

- 1 autocuiseur
- 1 passoire
- 1 mixeur
- 1 tamis
- 1 petit bol

INGRÉDIENTS :

- 350 g de petits pois en gousses
- 50 g de laitue
- quelques gouttes de vinaigre
- 15 cl de lait 2e âge
- 1 pincée de cerfeuil
- 1 cuil. à café de parmesan râpé

Écossez les petits pois, placez-les dans une passoire et passez-les sous l'eau. Lavez les feuilles de laitue une première fois dans de l'eau vinaigrée, puis une deuxième fois dans de l'eau pure.

Mettez les petits pois et la laitue dans le panier de l'autocuiseur placé en position basse, ajoutez de l'eau, fermez le couvercle et laissez cuire 10 minutes à partir de la rotation de la soupape.

Conservez l'eau de cuisson des légumes et passez-les au mixeur avec le lait. Ajoutez de l'eau de cuisson selon la consistance souhaitée.

Tamisez la crème de petits pois, versez-la dans un petit bol, ajoutez le cerfeuil, mélangez, saupoudrez de parmesan et servez à bonne température.

variante

Vous pouvez aussi opter pour les petits pois surgelés extra-fins (environ 130 g) ou remplacer les petits pois par des fèves pelées (surgelées ou fraîches).

c'est bon pour lui

La peau des petits pois entiers est plus difficile à digérer pour bébé, mais une fois mixés et tamisés, leurs fibres perdent tout effet irritant.

Pour 1 portion
Préparation : 15 min
Cuisson 12 min
Difficulté : *

€ € € €

- 1 petit plat et 1 couvercle pour micro-ondes
- 2 bols
- 1 casserole
- 1 petit fouet

INGRÉDIENTS :

- 150 g de chou-fleur
- 20 cl de lait 2e âge
- 10 g de farine (2 cuil. à café)
- 1 noisette de beurre
- 1 pointe de couteau de noix muscade en poudre
- 10 g d'emmenthal râpé

Gratin de chou-fleur

De 6 à 9 mois

Séparez le chou-fleur en petits bouquets et lavez-les. Mettez-les dans un petit plat adapté, versez 1 demi-verre d'eau, couvrez et laissez cuire au micro-ondes pendant environ 10 minutes selon la puissance de votre four. Laissez reposer 2 minutes, retirez l'eau en excédent et écrasez grossièrement le chou-fleur à la fourchette.

Préparez la béchamel : versez le lait dans un bol et faites chauffer 1 minute et 30 secondes au micro-ondes. Mettez le beurre dans un autre bol, faites-le fondre au micro-ondes pendant 1 minute et laissez reposer encore 1 minute. Pendant ce temps, versez le lait chaud dans une casserole et amenez à ébullition.

Ajoutez la farine au beurre fondu tout en fouettant, versez le lait bouillant progressivement en continuant à fouetter et ajoutez la muscade. Remettez ce mélange dans la casserole et faites chauffer jusqu'à ébullition.

Laissez cuire à petit bouillon pendant 2 minutes tout en mélangeant régulièrement. Versez la béchamel sur le chou-fleur, saupoudrez de fromage râpé et remettez quelques instants au micro-ondes pour réchauffer le gratin et faire fondre le fromage.

variante

Vous pouvez aussi cuire le chou-fleur à la vapeur dans un autocuiseur (comptez 5 minutes à partir de la rotation de la soupape). Remplacez le chou-fleur par des blancs de poireau ou du potiron.

c'est bon pour lui

Le chou-fleur est un des légumes les plus riches en vitamine C, particulièrement bien préservée par une cuisson courte (à la vapeur ou au micro-ondes). Ce plat riche en lait est à compléter par un fruit pour un dîner équilibré.

Mousseline
de poireaux

De 6 à 9 mois

Pour 1 portion
Préparation : 10 min
Cuisson : 20 min
Difficulté : *

€ € € €

- 1 casserole
- 1 couvercle
- 1 mixeur
- 1 bol ou 1 assiette creuse

INGRÉDIENTS :

- 2 beaux poireaux
- 15 cl de lait 2e âge
- 1 pincée de noix muscade en poudre
- 1 cuil. à café de crème fraîche

Coupez les parties vertes et les racines pour ne conserver que le blanc des poireaux et lavez-les rapidement sous le robinet.

Émincez les blancs de poireau et placez-les dans une casserole. Versez le lait et 5 cl d'eau, couvrez et laissez cuire à feu doux pendant 20 minutes.

Mixez les poireaux avec le liquide de cuisson le temps nécessaire pour que la préparation soit homogène et mousseuse.

Ajoutez la crème fraîche, la noix muscade, mélangez et présentez la mousseline dans une assiette creuse ou un bol.

Soupe de tomate
aux petites pâtes

De 6 à 9 mois

Pour 1 portion
Préparation : 15 min
Cuisson : 16 min
Difficulté : *

€ € € €

- 1 petite planche à découper
- 1 casserole
- 1 mixeur
- 1 bol ou 1 assiette creuse

INGRÉDIENTS :

- 1 tomate mûre
- 20 g de pâtes alphabet ou vermicelles (1 bonne cuil. à soupe)
- 1/2 feuille de laurier
- 1 pincée de thym en poudre
- 1 cuil. à café d'huile d'olive

Lavez la tomate, faites bouillir une casserole d'eau et plongez la tomate pendant 1 minute. Pelez-la, coupez-la en quartiers et épépinez-la. Rincez le laurier sous l'eau.

Coupez la tomate en petits cubes, mettez-les dans une casserole, ajoutez 5 cl d'eau, le thym, le laurier et laissez cuire à feu doux pendant 10 minutes.

Retirez le laurier, mixez la tomate avec son eau de cuisson. Versez la soupe obtenue dans la casserole, portez à nouveau à ébullition et jetez les pâtes en pluie.

Laissez cuire pendant environ 6 minutes en remuant souvent, jusqu'à ce que les pâtes soient bien fondantes. Ajoutez l'huile d'olive, mélangez et versez dans un bol ou une assiette creuse.

MES P'TITS LÉGUMES

Pour 1 portion
Préparation : 10 min
Cuisson : 22 min
Difficulté : *

€ € € €

- 1 casserole
- 1 mixeur
- 1 ramequin allant au four

INGRÉDIENTS :

- 80 g d'épinards
- 40 g de grains de maïs cuits
- 80 g de fromage blanc
- 1 œuf
- 1 pincée de sel

Flan d'épinards au maïs

De 6 à 9 mois

Préchauffez le four à 190 °C (th. 6-7).

Équeutez et lavez les épinards. Faites-les cuire 4 minutes dans de l'eau bouillante. Égouttez bien. Passez-les au mixeur. Ajoutez l'œuf entier et le fromage blanc. Mélangez bien. Salez.

Incorporez les grains de maïs égouttés. Versez cette préparation dans un ramequin.

Faites cuire 18 minutes à four chaud.

variante

Pour être plus savoureuse, la mousse doit être préparée au maximum 1 heure à l'avance. Vous pouvez remplacer le fromage blanc par 40 g de purée d'amandes blanches diluée.

c'est bon pour lui

Peu énergétiques, les épinards sont très riches en fibres, en vitamine B9 et en minéraux (magnésium, calcium potassium…). Ils contiennent aussi du fer végétal, mal absorbé par l'organisme. L'idéal est de les associer à de la vitamine C (par exemple un fruit frais en dessert), pour en faciliter la digestion. Afin de leur conserver toute leur richesse, lavez les épinards sans les laisser tremper, préparez-les sans attendre, et évitez de les réchauffer.

Pour 1 portion
Préparation : 15 min
Cuisson : 20 min
Difficulté : *

€ € € €

- 2 casseroles
- papier de cuisson
- 1 spatule ou 1 cuillère
- 1 emporte-pièce en forme d'étoile, de fleur, de cœur ou d'animaux
- 1 mixeur
- 1 petite assiette creuse
- 1 économe

INGRÉDIENTS :

- 30 g de polenta
- 25 cl de lait
- 1 carotte
- 1 trait d'huile de colza

Polenta
au velouté de carotte

De 6 à 9 mois

Lavez, épluchez la carotte et coupez-la en fines rondelles. Dans une casserole, versez 25 cl d'eau. Ajoutez les rondelles de carotte. Couvrez, laissez cuire 10 minutes. Égouttez-les, réservez le jus de cuisson.

Mettez le lait dans une autre casserole. Portez-le à ébullition. Versez en pluie la polenta. Faites cuire 10 minutes à feu doux, sans cesser de remuer jusqu'à ce que le mélange épaississe.

Étalez la polenta sur la feuille de papier de cuisson avec une spatule ou le dos d'une cuillère. Laissez tiédir. Découpez-la à l'aide d'un emporte-pièce.

Dans un bol mixeur, versez 12 cl de jus de cuisson des carottes. Ajoutez les rondelles de carotte et l'huile de colza. Mixez afin d'obtenir un velouté. Versez-le dans une petite assiette creuse et déposez les morceaux de polenta dessus. Servez aussitôt.

variante

Vous pouvez réaliser cette recette avec un velouté de petits pois, de brocoli, de chou-fleur ou de courgette.

c'est bon pour lui

La carotte détient un record en provitamine A (bêta-carotène), qui, transformée en vitamine A dans l'organisme, y joue des rôles bénéfiques : défenses immunitaires, croissance, protection de la peau et des muqueuses.

Pour 1 petit pot
Préparation : 20 min
Cuisson : 20 min
Difficulté : *

€ € € €

Crème de légumes
au fromage fondant

De 6 à 9 mois

- 1 économe
- 1 couteau
- 2 casseroles
- 1 passoire
- 1 mixeur
- 1 petit pot

INGRÉDIENTS :

- 1 pomme de terre
- 1/2 blanc de poireau
- 100 g de potimarron
- 2 bouquets de chou-fleur
- 1 brin de persil plat
- 1/2 carré de fromage frais bio de préférence

Épluchez la pomme de terre, lavez-la et coupez-la en petits dés. Lavez le demi-blanc de poireau et émincez-le en fines rondelles. Lavez le potimarron, retirez les graines et détaillez-le en petits dés.

Mettez les bouquets de chou-fleur dans une casserole et recouvrez-les d'eau. Faites-les blanchir 3 minutes sans couvrir. Égouttez.

Dans une autre casserole, portez à ébullition 25 cl d'eau. Ajoutez tous les légumes ainsi que le persil lavé, égoutté et effeuillé. Laissez cuire 15 minutes. Égouttez. Réservez un peu de jus de cuisson.

Mettez les légumes dans le bol du mixeur. Ajoutez un peu de jus de cuisson et le fromage frais. Mixez jusqu'à obtenir une purée onctueuse.

Versez dans le petit pot. Vérifiez bien la température avant de donner à la petite cuillère.

variante

Vous pouvez varier la saveur de cette crème de légumes avec d'autres fromages, comme du chèvre frais, du roquefort, du reblochon, du camembert, dont vous aurez préalablement retiré la croûte.

c'est bon pour lui

Contrairement au potiron, vous pouvez conserver la peau du potimarron pour réaliser cette crème de légumes : plus fine, elle est donc plus digeste.

Pour 1 portion
Préparation : 10 min
Cuisson : 10 min
Difficulté : *

€ € € €

- 1 casserole
- 1 fourchette
- 2 poêles
- 1 petite assiette creuse

INGRÉDIENTS :

- 100 g de gnocchis à poêler
- 1 c. à s. de crème fraîche
- 1 petite tomate
- 1 c. à s. de jus de citron
- 1 bille de mozzarella
- 2 feuilles de basilic
- 1 pincée de sel

Salade de gnocchis

Dès 12 mois

Dans une casserole, portez 25 cl d'eau à ébullition. Piquez la tomate au bout d'une fourchette. Plongez-la 1 minute dans l'eau bouillante. Égouttez-la, pelez et épépinez-la. Coupez la chair en petits morceaux.

Faites cuire les gnocchis à la poêle en respectant le temps de cuisson indiqué sur le paquet.

Dans une autre poêle, faites chauffer doucement la crème liquide. Ajoutez les morceaux de tomate, le jus de citron et les gnocchis poêlés. Salez. Mélangez bien. Laissez cuire 1 minute en remuant souvent.

Versez dans une petite assiette creuse. Ajoutez sur le dessus la mozzarella coupée en fines tranches et le basilic émincé.

Pour 1 portion
Préparation : 15 min
Réfrigération : 2 h
Difficulté : *

€ € € €

- 1 bol
- 1 fouet
- 1 ramequin individuel
- 1 économe

INGRÉDIENTS :

- 1 petit ou 1/2 concombre
- 10 cl de crème fleurette
- 40 g de fromage blanc type faisselle
- 2 feuilles de menthe
- 1 c. à s. de jus de citron
- 1 pincée de sel

Mousse au concombre

Dès 12 mois

Rincez et essuyez le concombre. Épluchez-le et coupez-le en deux dans le sens de la longueur. Épépinez-le. Détaillez la chair en petits dés.

Dans un bol, mettez la crème fleurette très froide. Ajoutez 1 cuillerée à café d'eau froide. Battez au fouet jusqu'à ce que la crème ait doublé de volume.

Incorporez-la au fromage blanc égoutté. Ajoutez le jus de citron, les feuilles de menthe finement émincées puis les dés de concombre. Salez légèrement. Mélangez.

Versez cette préparation dans un petit ramequin individuel. Placez 2 heures au réfrigérateur avant de servir.

Tagliatelles de crêpe au coulis de légumes

Dès 12 mois

Pour 1 portion
Préparation : 15 min
Cuisson : 25 min
Difficulté : *

- 1 casserole
- 1 poêle
- 1 mixeur
- 1 petite assiette
- 1 fourchette
- 1 économe

INGRÉDIENTS :

- 1 petite crêpe de froment nature
- 1/2 carotte
- 2 champignons de Paris
- 1 petite tomate
- 1/2 courgette
- 2 brins de cerfeuil
- 1 cuil. à café d'huile de colza
- 1 pincée de sel

Dans une casserole, portez 25 cl d'eau à ébullition. Piquez la tomate au bout d'une fourchette. Plongez-la 1 minute dans l'eau bouillante. Pelez-la. Coupez-la en quartiers. Retirez les graines.

Lavez la demi-carotte et la courgette. Épluchez la carotte, coupez-la en dés. Découpez la courgette en rondelles. Parez les champignons et coupez-les en morceaux.

Faites chauffer doucement l'huile dans une poêle. Mettez-y tous les légumes. Faites revenir 5 minutes en remuant souvent.

Versez 25 cl d'eau. Ajoutez le cerfeuil haché, salez, couvrez et faites cuire 20 minutes. Laissez tiédir. Mixez.

Au moment de servir, faites réchauffer la crêpe. Roulez-la et découpez-la en tagliatelles. Servez ces « pâtes » nappées de coulis de légumes.

variante

Vous pouvez intégrer de la viande (30 g de viande hachée à moins de 5 % de MG) en même temps que les légumes, ou même un hachis de jambon après en avoir retiré le gras. Dans ce cas, il suffit de l'incorporer au dernier moment au coulis de légumes.

c'est bon pour lui

Une alimentation variée doit comporter des légumes, mais il n'est pas obligatoire qu'ils soient proposés en purée ou en morceaux. Les coulis, plus ou moins liquides, permettent de diversifier les goûts et apportent fibres et minéraux.

Pour 1 portion
Préparation : 10 min
Cuisson : 5 min
Difficulté : *

- 1 fourchette
- 1 casserole
- 1 passoire à tamis fin
- 1 bol

INGRÉDIENTS :

- 130 g de légumes en petit pot
- 40 g de semoule fine
- 1 cuil. à café de pois chiches cuits en conserve
- 1 pincée de paprika doux

Couscous aux petits légumes

Dès 12 mois

Rincez les pois chiches sous l'eau froide. Écrasez-les en purée à l'aide d'une fourchette.

Mettez la semoule dans la passoire. Passez-la sous l'eau froide.

Versez le petit pot de légumes dans une casserole. Ajoutez 5 cl d'eau, le paprika, la purée de pois chiches.

Placez la passoire de semoule au-dessus des légumes. Couvrez. Laissez cuire à la vapeur 5 minutes. Égrainez la semoule à la fourchette. Incorporez les légumes. Vérifiez la température avant de servir dans un bol.

variante

Vous pouvez compléter ce couscous avec des émincés de jambon ou de poulet.

c'est bon pour lui

On trouve une grande variété d'aliments en petits pots, qui permettent de diversifier l'alimentation de votre enfant. Les ingrédients soigneusement sélectionnés apportent à son organisme les nutriments dont il a besoin.

Pour 1 portion
Préparation : 10 min
Cuisson : 15 min
Difficulté : *

- 1 autocuiseur
- 1 petit ramequin
- 1 petite assiette

INGRÉDIENTS :

- 1 artichaut
- 1 cuil. à café d'huile
- 1/2 cuil. à café de vinaigre balsamique
- 1 pointe de couteau de basilic
- quelques fines lamelles de parmesan

Émincé d'artichaut au parmesan

Dès 12 mois

Arrachez la queue de l'artichaut et lavez-le soigneusement. Versez de l'eau dans l'autocuiseur, déposez l'artichaut dans le panier en position haute et fermez le couvercle.

Laissez cuire 12 à 15 minutes à partir de la rotation de la soupape (adaptez le temps de cuisson selon la taille de l'artichaut). Retirez l'artichaut, enlevez les feuilles pour dégager le fond.

Arrachez les feuilles centrales et le foin, découpez le fond en lamelles et préparez la vinaigrette : dans un petit ramequin, mélangez l'huile, le vinaigre et le basilic.

Déposez le fond d'artichaut sur une assiette, nappez-le de vinaigrette et parsemez de lamelles de parmesan.

variante

Vous pouvez aussi utiliser un fond d'artichaut surgelé et le cuire avec un peu d'eau pendant environ 8 minutes au four à micro-ondes.

c'est bon pour lui

L'artichaut est riche en fibres stimulantes pour le fonctionnement intestinal, mais il faut le donner en petite quantité pour éviter une éventuelle gêne digestive.

Pour 1 portion
Préparation : 15 min
Cuisson : 28 min
Difficulté : *

€ € € €

- 1 mandoline ou 1 robot
- 1 casserole
- 1 économe
- 1 petit plat à gratin

INGRÉDIENTS :

- 2 pommes de terre bintje ou autre variété pour purée (environ 250 g au total)
- 12 cl de lait
- 1 cuil. à café de crème fraîche
- 1 pincée de noix muscade en poudre
- 1 gousse d'ail
- sel

Gratin dauphinois

Dès 12 mois

Pelez les pommes de terre, lavez-les et coupez-les en fines rondelles à la mandoline ou au robot. Préchauffez le four à 180 °C (th. 6).

Mettez les pommes de terre dans une casserole, versez le lait et ajoutez la muscade, salez très légèrement. Ne couvrez pas : en cours de cuisson, le lait se concentrera pour devenir très onctueux.

Faites chauffer doucement jusqu'à ébullition, puis laissez mijoter encore 8 minutes. Pelez l'ail et frottez un petit plat à gratin avec la gousse.

Ajoutez la crème fraîche dans la casserole et mélangez. Versez la préparation dans le plat aillé et enfournez pour 20 minutes.

variante

Ajoutez du fromage râpé sur le gratin avant de l'enfourner.

c'est bon pour lui

Ne lavez pas les pommes de terre une fois coupées, car le gratin serait moins moelleux. Une partie de l'amidon serait en effet perdue, alors qu'il joue un rôle de liant.

Pour 1 portion
Préparation : 5 min
Cuisson : 15 min
Difficulté : *

€ € € €

Pain perdu
aux légumes

Dès 12 mois

- 1 plat allant au four
- 1 bol
- 1 fouet

INGRÉDIENTS :

- 30 g de macédoine de légumes
- 2 tranches de pain de mie
- 1 jaune d'œuf
- 20 cl de lait 2e âge

Faites dorer 1 minute les 2 tranches de pain de mie sous le gril du four ou dans un toasteur. Préchauffez le four à 180 °C (th. 6).

Déposez une tranche de pain de mie dans un plat allant au four. Répartissez dessus la macédoine de légumes égouttée. Recouvrez avec la deuxième tranche de pain de mie.

Dans un bol, fouettez le jaune d'œuf avec le lait de croissance. Versez cette préparation sur le pain.

Placez au four et laissez cuire 10 minutes environ. Servez tiède.

Pour 1 portion
Préparation : 10 min
Cuisson : 30 s
Difficulté : *

€ € € €

Deux purées
maïs-carotte

Dès 12 mois

- 2 bols
- 1 fourchette
- 1 petite assiette

INGRÉDIENTS :

- 3 cuil. à soupe de maïs en grains
- 3 cuil. à soupe de purée de carotte
- 1 cuil. à café de fromage râpé
- 1 jaune d'œuf bio
- 1 cuil. à café d'huile de colza
- 1 noisette de beurre

Égouttez les grains de maïs. Rincez-les sous l'eau froide. Écrasez-les finement en purée à l'aide d'une fourchette.

Mettez dans un bol l'huile de colza, le jaune d'œuf, la moitié du fromage râpé. Mélangez bien. Divisez cette préparation dans deux bols. Incorporez dans l'un la purée de carotte, dans l'autre la purée de maïs.

Versez dans une assiette les deux purées l'une à côté de l'autre sans les mélanger. Posez dessus la noisette de beurre et parsemez du fromage râpé restant.

Couvrez, faites cuire 30 secondes au four à micro-ondes. Laissez reposer quelques minutes avant de servir.

MES P'TITS LÉGUMES

Petites pâtes gratinées aux champignons

Dès 12 mois

Pour 1 portion
Préparation : 10 min
Cuisson : 21 min
Difficulté : *

- 1 casserole • 1 passoire
- 1 poêle • 1 mixeur
- 1 petit plat à four
- papier absorbant

INGRÉDIENTS :

- 100 g de champignons de Paris
- 40 g de coquillettes
- gros sel
- 10 g de gruyère râpé
- 1 c. à c. d'huile d'olive
- 1 gousse d'ail – persil

Faites cuire les pâtes 8 minutes à l'eau bouillante légèrement salée (vérifiez le temps de cuisson indiqué sur l'emballage). Égouttez et réservez.

Lavez les champignons, essuyez-les avec un papier absorbant et émincez-les en fines lamelles. Pelez la gousse d'ail, passez-la sous l'eau ainsi que le persil. Mixez séparément l'ail et le persil.

Préchauffez le gril du four. Dans une poêle à revêtement antiadhésif, versez un fond d'eau, ajoutez les champignons, une pointe de couteau d'ail et laissez cuire pendant 10 minutes (ajoutez un peu d'eau si nécessaire).

Ajoutez ensuite les pâtes cuites et l'huile d'olive, mélangez et laissez chauffer doucement 1 à 2 minutes. Saupoudrez de persil et de fromage râpé, versez dans un petit plat à four et passez 3 minutes sous le gril.

Poêlée d'automne

Dès 12 mois

Pour 1 portion
Préparation : 15 min
Cuisson : 18 min
Difficulté : *

- 1 plat et 1 couvercle adaptés au micro-ondes
- 1 économe • 1 assiette
- 1 poêle et 1 couvercle

INGRÉDIENTS :

- 100 g de brocoli
- 40 g de châtaignes en bocal ou en boîte – 1/4 de pomme
- 1 petit oignon doux
- 1 noisette de beurre
- 1 pointe de couteau de noix muscade en poudre

Détachez chaque petit bouquet de brocoli et lavez-les soigneusement. Disposez-les dans un plat adapté, versez 1 demi-verre d'eau, couvrez et laissez cuire au micro-ondes pendant environ 10 minutes selon la puissance de votre four. Laissez reposer quelques minutes.

Pelez la pomme et coupez la pulpe en petits dés. Pelez l'oignon, passez-le rapidement sous l'eau, coupez-en quelques fines rondelles. Placez-les, ainsi que la pomme, dans une poêle à revêtement antiadhésif avec très peu d'eau.

Faites cuire à feu doux pendant 5 minutes en ajoutant encore un peu d'eau si nécessaire. Intégrez ensuite dans la poêle les brocolis cuits, les châtaignes rincées et égouttées et la muscade.

Couvrez et laissez mijoter encore 3 minutes à feu très doux en mélangeant de temps en temps. Incorporez le beurre et mélangez à nouveau. Versez dans l'assiette et servez aussitôt.

Pour 1 portion
Préparation : 20 min
Cuisson : 7 min
Difficulté : *

- 1 plat et 1 couvercle pour micro-ondes
- 1 casserole
- 1 mixeur
- 1 grand verre

INGRÉDIENTS :

- 1 tomate mûre
- 1/2 poivron jaune
- 1/2 avocat
- 1 petit-suisse nature
- 1/2 citron
- 1 pointe de couteau de paprika doux

Mini-verre de petits légumes d'été

Dès 12 mois

Pelez le poivron à l'économe, retirez les graines et filaments blancs et lavez-le. Coupez-le en petits cubes et placez-les dans un plat adapté au micro-ondes avec un tiers de verre d'eau. Couvrez et laissez cuire pendant environ 7 minutes. Éliminez le jus de cuisson et réservez.

Lavez la tomate et plongez-la dans une casserole d'eau bouillante pendant 1 minute. Pelez la tomate, retirez les pépins, coupez la chair en petits cubes et réservez.

Retirez la chair de l'avocat avec une petite cuillère et placez-la dans le mixeur. Pressez légèrement le citron à la main pour recueillir 1 cuillerée à café de jus dont vous arroserez l'avocat. Ajoutez le petit-suisse, le paprika et mixez l'ensemble.

Empilez les différentes couches colorées dans un grand verre : déposez au fond la moitié de la tomate, la moitié des dés de poivron, la purée d'avocat puis l'autre moitié des poivrons et terminez par le reste des tomates.

variante

Remplacez le poivron par de la pulpe de pamplemousse.

Pour faire de cette recette un plat complet, ajoutez 30 g de crevettes ou de crabe.

c'est bon pour lui

L'avocat regorge de vitamines (en particulier vitamines E, C, du groupe B et provitamine A) et le jus de citron les préserve en les protégeant de l'oxydation.

L'avocat est une source intéressante d'acides gras monoinsaturés, graisse présente également dans l'huile d'olive, l'huile de colza, la graisse d'oie et de canard.

KNOR KNOR KNOR KNOR KNOR

Mes p'tits plats de viande et poisson

Potage marin

Dès 5 mois

Pour 1 portion
Préparation : 15 min
Cuisson : 15 min
Difficulté : *

€ € € €

- 1 casserole
- 1 couvercle
- 1 moulin à légumes
- 1 petit bol ou 1 biberon
- 1 économe

INGRÉDIENTS :

- 1 pomme de terre
- 2 bouquets de brocoli
- 2 branches de persil
- 10 g de poisson cuit
- 1 cuil. à soupe de coulis de tomates (non salé)
- 3 cuil. à soupe de lait 2e âge
- quelques gouttes de jus de citron

Effeuillez les branches de persil. Lavez les feuilles dans de l'eau légèrement citronnée. Lavez, égouttez les bouquets de brocoli.

Épluchez et coupez la pomme de terre en petits morceaux.

Placez les légumes dans 50 cl d'eau froide, légèrement salée. Couvrez, laissez cuire doucement 15 minutes environ.

Passez le tout au moulin à légumes avec le persil. Ajoutez le poisson écrasé, le coulis de tomates, le lait tiède. Mélangez bien.

Versez cette préparation dans un biberon ou un petit bol.

variante

Vous pouvez utiliser différents types de poissons maigres : colin d'Alaska, limande, daurade, merlan, bar, cuits au court-bouillon. Attention toutefois aux poissons en voie de disparition (cabillaud d'Atlantique, sole).

c'est bon pour lui

Utiliser l'eau de cuisson des légumes, pour délayer un potage trop épais, permet de ne pas perdre les vitamines contenues dans ceux-ci.

Pour 1 petit pot
Préparation : 15 min
Cuisson : 20 min
Difficulté : *

€ € € €

- 2 casseroles
- 1 couvercle
- 1 économe
- 1 couteau
- 1 mixeur
- 1 poêle
- 1 petit pot

INGRÉDIENTS :

- 1 petite pomme de terre
- 20 g de viande de bœuf maigre
- 1 tomate
- 1/4 d'1 petit oignon
- 25 cl de lait 2e âge
- 2 cuil. à café d'huile de colza

Purée Parmentier

Dès 5 mois

Épluchez la pomme de terre. Lavez-la. Coupez-la en petits morceaux. Versez 50 cl d'eau dans une casserole. Ajoutez la pomme de terre. Couvrez, faites cuire 15 minutes. Égouttez.

Lavez la tomate. Versez 50 cl d'eau dans une casserole. Portez à ébullition. Piquez la tomate au bout d'une fourchette. Plongez-la dans l'eau bouillante 1 minute. Pelez-la, épépinez-la et coupez-la en petits dés.

Coupez la viande en très petits dés. Faites-les revenir doucement dans une poêle avec l'huile. Ajoutez les tomates, les pommes de terre et l'oignon émincé finement. Laissez dorer 3 minutes. Remuez bien. Ajoutez le lait. Portez à ébullition.

Lorsque la viande et les légumes sont bien cuits, mixez cette préparation.

Versez dans le petit pot. Vérifiez bien la température avant de donner à la petite cuillère.

variante

Vous pouvez utiliser du lait 2e âge liquide ou en poudre, toujours à raison d'1 mesure pour 3 cl d'eau minérale.

c'est bon pour lui

Les protéines de bœuf sont de très bonne qualité biologique et contiennent en proportion excellente tous les acides essentiels. Mieux vaut éviter de donner de la viande rouge à votre bébé plus d'une fois par semaine.

miam

Pour 2 petits pots
Préparation : 15 min
Cuisson : 15 min
Difficulté : *

€ € € €

- 1 couteau
- 1 autocuiseur
- 1 casserole ou 1 récipient spécial micro-ondes
- 2 cuillères
- 1 poêle
- 1 mixeur
- 2 petits pots

INGRÉDIENTS :

- 1 aubergine
- 40 g de viande de bœuf
- 12 cl de lait 2e âge
- 4 cuil. à café d'huile de colza

Purée de bœuf
et aubergine

De 6 à 9 mois

Lavez l'aubergine, coupez-la en deux dans le sens de la longueur.

Versez 1 litre d'eau dans le fond d'un autocuiseur. Mettez les moitiés d'aubergine dans le panier de cuisson vapeur placé sur la partie haute. Laissez cuire 5 minutes dès que la soupape chuchote. Lorsque l'aubergine est cuite, grattez la pulpe à l'aide d'une petite cuillère. Réservez.

Coupez la viande de bœuf en très petits dés. Faites-les revenir doucement dans une poêle antiadhésive avec l'huile de colza. Faites réchauffer le lait dans une casserole ou au four à micro-ondes.

Mettez dans le bol du mixeur la pulpe d'aubergine, la viande et le lait. Mixez le tout jusqu'à obtenir une purée homogène.

Versez cette préparation dans le petit pot. Vérifiez bien la température avant de donner à la petite cuillère.

variante

Vous pouvez également hacher la viande séparément et présenter le pot sous forme de couches.

Remplacez la viande de bœuf par de l'agneau, du veau ou du blanc de poulet.

c'est bon pour lui

L'aubergine est riche en oligoéléments et en vitamine B6 (nécessaire au fonctionnement nerveux et aux défenses immunitaires). Elle joue aussi un rôle bénéfique et calmant au niveau de la digestion. Mieux vaut éviter de donner de la viande rouge à votre bébé plus d'une fois par semaine.

BOEUF

Pour 1 petit pot
Préparation : 15 min
Cuisson : 15 min
Difficulté : *

€ € € €

- 2 casseroles • 1 couvercle
- 1 couteau • 1 passoire
- 1 mixeur • 1 petit pot

INGRÉDIENTS :

- 1 tomate
- 1/2 courgette
- 20 g de filet de daurade
- 25 cl d'eau minérale
- 1 brin de basilic
- 2 c. à c. d'huile de colza

Ratatouille au poisson

De 6 à 9 mois

Lavez la tomate. Versez 50 cl d'eau dans une casserole. Portez à ébullition. Piquez la tomate au bout d'une fourchette. Plongez-la dans l'eau bouillante 1 minute. Pelez-la, épépinez-la et coupez-la en petits dés en conservant la pulpe.

Lavez, essuyez la courgette. Coupez-la en rondelles. Mettez-les dans une casserole. Ajoutez les dés et la pulpe de la tomate. Versez l'eau minérale. Couvrez, laissez mijoter 15 minutes sur feu doux.

Au bout de 10 minutes, posez la daurade sur un panier métallique au-dessus de la casserole pour obtenir une cuisson à la vapeur. Couvrez et laissez cuire 5 minutes.

Égouttez les légumes. Mettez-les dans le bol d'un mixeur. Ajoutez les feuilles de basilic préalablement lavées et essuyées, et le poisson. Incorporez l'huile. Versez cette préparation dans le petit pot. Vérifiez bien la température avant de donner à la petite cuillère.

Pour 1 petit pot
Préparation : 15 min
Cuisson : 15 min
Difficulté : *

€ € € €

- 1 économe • 1 couteau
- 1 casserole • 1 couvercle
- 1 mixeur • 1 petit pot

INGRÉDIENTS :

- 10 à 20 g de noisette d'agneau bien cuite
- 1 carotte
- 1 brin de persil plat
- 25 cl d'eau minérale
- jus de citron
- 1 c. à c. de fromage blanc (ou mieux, de purée d'amandes)

Crème d'agneau et de carotte

De 6 à 9 mois

Lavez le persil. Épluchez la carotte. Lavez-la dans de l'eau citronnée. Coupez-la en fines rondelles. Mettez-les dans une casserole. Versez l'eau minérale. Laissez cuire à couvert 15 minutes. Réservez un peu de jus de cuisson.

2 minutes avant la fin de la cuisson des carottes, ajoutez le brin de persil.

Mettez dans le bol d'un mixeur les carottes égouttées, le persil, l'agneau finement émincé. Incorporez 1 cuillerée à soupe de jus de cuisson et le fromage blanc. Mixez.

Versez cette préparation dans le petit pot. Vérifiez bien la température avant de donner à la petite cuillère.

Pour 1 petit pot
Préparation : 10 min
Cuisson : 20 min
Difficulté : *
€ € € €

- 1 couteau
- 1 autocuiseur
- 1 casserole ou 1 récipient spécial micro-ondes
- 1 mixeur
- 1 passoire
- 1 petit pot

INGRÉDIENTS :

- 10 à 20 g de jambon blanc cuit dégraissé
- 1 courgette de taille moyenne
- 2 cuil. à soupe de petits pois frais
- 6 cl de lait 2e âge

Parmentier de jambon petits pois et courgette

De 6 à 9 mois

Coupez les 2 extrémités de la courgette. Pelez-la. Ouvrez-la en deux dans le sens de la longueur. Avec une petite cuillère, enlevez les graines. Coupez la chair en petits dés. Faites-les cuire 10 minutes à la vapeur dans un autocuiseur.

Pendant ce temps, plongez les petits pois dans un grand volume d'eau bouillante. Laissez cuire 7 à 10 minutes. Égouttez-les.

Faites réchauffer le lait dans une casserole ou au four à micro-ondes.

Mettez dans le bol du mixeur la chair de courgette, les petits pois, le jambon émincé et le lait. Mixez le tout jusqu'à obtenir une purée homogène.

Versez cette préparation dans le petit pot. Vérifiez bien la température avant de donner à la petite cuillère.

variante

Vous pouvez aussi réaliser cette recette avec des petits pois surgelés ou en conserve, préalablement rincés.

Vous pouvez également hacher la viande séparément et présenter le pot sous forme de couches.

c'est bon pour lui

Le petit pois est riche en amidon, protéines et fibres (qui facilitent le transit intestinal), c'est aussi un légume très rassasiant, qui se situe entre la pomme de terre et le légume vert.

Pour 1 portion
Préparation : 10 min
Cuisson : 15 min
Difficulté : *
€ € € €

- 1 casserole
- 1 fourchette
- 1 poêle
- 1 mixeur
- 1 cuit-vapeur
- 1 petite assiette creuse
- 1 économe

INGRÉDIENTS :

- 1 filet de limande de 20 à 30 g
- 1 petite tomate
- 1/2 carotte
- 3 à 4 cuil. à café de riz long
- 1 cuil. à soupe d'huile d'olive
- 25 cl de lait 2e âge

Mousseline de limande au riz et aux légumes

De 6 à 9 mois

Versez 50 cl d'eau dans une casserole. Portez à ébullition.

Piquez la tomate au bout de la fourchette. Plongez-la dans l'eau bouillante 1 minute. Pelez-la, épépinez-la et coupez-la en petits dés.

Dans une poêle, faites revenir doucement dans l'huile d'olive les dés de tomate, puis ajoutez le riz. Versez le lait, couvrez. Laissez mijoter 15 minutes.

Pendant ce temps, faites cuire 5 minutes à la vapeur la carotte épluchée, lavée et coupée en très fines rondelles, avec le poisson.

Mixez la carotte avec le poisson et le riz à la tomate. Déposez cette mousseline dans une assiette creuse. Vérifiez la température avant de servir.

variante

Vous pouvez remplacer le filet de limande par un filet de cabillaud, merlan, aiglefin, colin, sole, lieu, sabre…, frais ou surgelé. Avant de mixer le poisson, vérifiez bien qu'il n'y a plus aucune arête.

c'est bon pour lui.

Le riz est la première céréale des tout-petits. Dépourvu de gluten, il peut être introduit dans son alimentation dès l'âge de 6 mois, mais toujours bien cuit et finement mixé pour éviter les risques de « fausses routes ».

Pour 1 portion
Préparation : 10 min
Cuisson : 8 min
Difficulté : *
€ € € €

- 1 casserole
- 1 mixeur
- 1 économe
- 1 assiette

INGRÉDIENTS :

- 2 petites courgettes
- 10 à 20 g de steak
- 1 cuil. à café d'huile d'olive
- 1/2 feuille de laurier

Compotée de courgettes au bœuf

De 6 à 9 mois

Pelez les courgettes, lavez-les et coupez-les en deux horizontalement. Retirez les pépins en raclant les tronçons avec une petite cuillère. Coupez la chair en petits cubes. Passez le laurier rapidement sous l'eau.

Placez les courgettes dans une casserole, versez de l'eau pour juste recouvrir les légumes, ajoutez le laurier et faites cuire pendant 6 minutes.

Pendant ce temps, coupez le steak en petits cubes, ajoutez-le aux courgettes et laissez cuire encore 2 minutes.

Retirez le laurier et mixez ensemble viande et courgettes. Ajoutez l'huile d'olive, mélangez et servez dans une assiette à bonne température.

variante

Remplacez le bœuf par de l'agneau (gigot ou côtelette dégraissée).

c'est bon pour lui

Les fibres solubles non irritantes (pectines et protopectines) présentes dans les jeunes courgettes donnent à cette purée une consistance moelleuse.

Pour 1 portion
Préparation : 10 min
Cuisson : 25 min
Difficulté : *

€ € € €

- 1 essoreuse à salade
- 1 casserole
- 1 écumoire
- 1 mixeur
- 1 économe
- 1 assiette

INGRÉDIENTS :

- 10 à 20 g de colin
- 100 g de feuilles de laitue
- 1 petite pomme de terre (80 g)
- 1 petite noisette de beurre
- vinaigre

Purée de laitue au colin

De 6 à 9 mois

Lavez les feuilles de salade dans de l'eau vinaigrée, puis dans de l'eau claire et essorez-les. Pelez et lavez la pomme de terre, puis coupez-la en gros dés.

Dans une casserole d'eau bouillante, plongez les dés de pomme de terre, laissez cuire 5 minutes puis ajoutez la salade et laissez cuire encore 15 minutes.

Ajoutez le colin et poursuivez la cuisson 5 minutes.

Égouttez le poisson et les légumes avec une écumoire, puis mixez l'ensemble.

Versez la purée dans une assiette, ajoutez le beurre, mélangez et servez tiède.

variante

Remplacez le colin par du cabillaud ou du merlan.

c'est bon pour lui

N'écartez pas les feuilles vertes de laitue, ce sont les plus riches en vitamines et en minéraux.

Vérifiez bien la fraîcheur du poisson et l'absence d'arêtes.

L'eau de cuisson contient des minéraux : conservez-la au réfrigérateur et utilisez-la comme bouillon, dans lequel vous pourrez cuire des petites pâtes à potage.

Crème de betterave au poulet

De 6 à 9 mois

Pour 1 portion
Préparation : 10 min
Cuisson : 2 min
Difficulté : *
€ € € €

- 1 économe
- 1 petit plat et 1 couvercle pour micro-ondes
- 1 mixeur
- 1 petite assiette

INGRÉDIENTS :

- 80 g de betterave cuite et pelée
- 1/2 pomme
- 10 à 20 g de blanc de poulet
- 5 cl de lait
- 1 cuil. à café d'huile

Pelez la pomme et coupez-la en petits cubes, ainsi que le blanc de poulet. Placez le poulet et la pomme dans un plat convenant au micro-ondes en les séparant bien et ajoutez un fond d'eau.

Couvrez le plat et faites cuire au four à micro-ondes pendant 30 secondes environ. Retirez le blanc de poulet et remettez le plat au micro-ondes pendant environ 1 minute selon la puissance du four. Mixez le poulet cuit et disposez-le sur une petite assiette.

Coupez la betterave en petits dés et versez-les dans un mixeur. Ajoutez l'huile, la pomme cuite avec son jus de cuisson et le lait, puis mixez.

Versez la crème de betterave dans une petite assiette et disposez à côté le poulet mixé.

Purée orange au jambon

De 6 à 9 mois

Pour 1 portion
Préparation : 15 min
Cuisson : 10 min
Difficulté : *
€ € € €

- 1 autocuiseur
- 1 mixeur
- 1 petite assiette

INGRÉDIENTS :

- 180 g de potiron
- 10 à 20 g de jambon blanc dégraissé
- 1 petite noisette de beurre

Retirez la peau et les pépins du potiron, lavez la chair et coupez-la en gros morceaux.

Versez de l'eau au fond de l'autocuiseur, placez le potiron dans le panier de cuisson en position haute et laissez chauffer 10 minutes à partir de la rotation de la soupape.

Pendant ce temps, mixez le jambon et placez-le sur une petite assiette.

Mixez ensuite le potiron et disposez la purée sur l'assiette à côté du jambon.

Ajoutez le beurre à la purée, mélangez et servez.

Purée de légumes
et d'agneau

De 6 à 9 mois

Pour 1 petit pot
Préparation : 15 min
Cuisson : 20 min
Difficulté : *

€ € € €

- 1 économe
- 1 couteau
- 1 casserole
- 1 couvercle
- 1 mixeur
- 1 petit pot

INGRÉDIENTS :

- 20 à 30 g de viande d'agneau
- 1 petite pomme de terre
- 1 carotte
- 20 g de céleri-rave
- 20 g de blanc de poireau
- 30 cl d'eau minérale
- 1 pincée de romarin déshydraté

Épluchez la pomme de terre, la carotte et le céleri-rave. Lavez-les.

Coupez-les en petits morceaux. Coupez le blanc de poireau dans le sens de la longueur. Rincez-le. Émincez-le finement.

Détaillez l'agneau en petits morceaux, enlevez toutes les parties grasses visibles.

Mettez les légumes dans une casserole. Versez l'eau minérale. Ajoutez l'agneau et le romarin. Portez doucement à ébullition. Couvrez, laissez cuire 20 minutes à feu doux.

Mettez les légumes et la viande dans le bol d'un mixeur. Mixez jusqu'à obtenir une purée homogène.

Versez cette préparation dans le petit pot. Vérifiez bien la température avant de donner à la petite cuillère.

variante

Vous pouvez préparer cette recette avec de la viande de veau, un blanc de poulet ou de dinde.

c'est bon pour lui

La viande d'agneau peut être proposée au moment de la diversification pour éveiller l'enfant à la découverte de nouvelles saveurs et consistances. Mieux vaut éviter de donner de la viande rouge à votre bébé plus d'une fois par semaine.

Pour 1 petit pot
Préparation : 15 min
Cuisson : 25 min
Difficulté : *

€ € € €

- 1 couteau
- 2 casseroles
- 1 passoire
- 1 mixeur
- 1 fourchette
- 1 petit pot

INGRÉDIENTS :

- 150 g de chou-fleur
- 30 g de champignons de Paris
- 1 cuil. à café de jus de citron
- 1 tomate
- 20 g de jambon blanc dégraissé
- 2 cuil. à café d'huile d'olive ou de colza
- 2 brins de persil plat
- 3 cl de lait 2e âge

Chou-fleur à l'italienne

De 6 à 9 mois

Détaillez le chou-fleur en petits bouquets. Rincez-les sous l'eau courante. Dans une casserole, versez 50 cl d'eau. Lorsque l'eau frémit, ajoutez les bouquets de chou-fleur. Laissez cuire 15 minutes. Égouttez.

Coupez le pied terreux des champignons. Pelez-les. Émincez-les finement. Arrosez-les de jus de citron. Réservez. Lavez, égouttez les brins de persil plat. Effeuillez-les.

Lavez la tomate. Versez 50 cl d'eau dans une casserole. Portez à ébullition. Piquez la tomate au bout d'une fourchette. Plongez-la 1 minute dans l'eau bouillante. Pelez-la et épépinez-la. Coupez-la en petits dés en conservant la pulpe.

Dans une casserole légèrement huilée, faites revenir 10 minutes les dés de tomates, les champignons, le persil. Versez dans le bol du mixeur, incorporez le lait légèrement tiédi, le jambon blanc, le coulis de tomate, les bouquets de chou-fleur. Mixez.

Versez cette préparation dans le petit pot. Vérifiez bien la température avant de donner à la petite cuillère.

variante

Au moment de faire tiédir le lait, vous pouvez ajouter 1 demi-cuillerée à café de parmesan râpé. Les tout-petits pourront donc éveiller leurs papilles à de nouvelles saveurs fromagères.

c'est bon pour lui

Peu calorique, le chou-fleur est un légume d'excellente densité nutritionnelle. Sa richesse en vitamine C mérite d'être mieux connue. Il fournit aussi des fibres très efficaces pour le transit intestinal.

Youpi!

Pour 1 petit pot
Préparation : 10 min
Cuisson : 20 min
Difficulté : *

€ € € €

- 1 couteau
- 2 casseroles
- 1 couvercle
- 1 passoire
- 1 plat adapté au micro-ondes
- 1 économe
- 1 mixeur
- 1 petit pot

INGRÉDIENTS :

- 20 g de filet de sole
- 1 petite pomme de terre
- 100 g de champignons de Paris
- 6 cl de lait 2e âge
- 1 cuil. à café de jus de citron
- 1 noisette de beurre au lait cru

Purée de sole
aux champignons

De 6 à 9 mois

Coupez le pied terreux des champignons. Pelez-les et émincez-les finement. Arrosez-les de jus de citron. Égouttez. Mettez-les dans une casserole avec 1 demi-verre d'eau. Laissez cuire 5 minutes à feu doux.

Épluchez la pomme de terre. Lavez-la sous l'eau courante. Coupez-la en petits dés. Mettez-les dans une casserole. Versez 50 cl d'eau. Faites cuire 15 minutes à couvert.

Faites cuire 30 secondes le filet de sole au four à micro-ondes puissance maximum dans un plat adapté.

Mettez les champignons, les dés de pomme de terre, le filet de sole, le lait et la noisette de beurre dans le bol du mixeur. Mixez jusqu'à obtenir une purée homogène.

Versez cette préparation dans le petit pot. Vérifiez bien la température avant de donner à la petite cuillère.

variante

Remplacez la pomme de terre par un riz cuit légèrement safrané.

c'est bon pour lui

La sole est une bonne source de minéraux : du phosphore et du calcium, bénéfiques pour le maintien du capital osseux, ainsi que du fer, bon pour le tonus. Quel que soit l'âge, vérifiez l'absence d'arêtes.

Pour 1 petit pot
Préparation : 15 min
Cuisson : 17 min
Difficulté : *
€ € € €

- 1 économe
- 1 couteau
- 1 casserole
- 1 couvercle
- 1 passoire
- 1 poêle
- 1 mixeur
- 1 petit pot

INGRÉDIENTS :

- 1 pomme de terre
- 100 g de fenouil
- 1 tronçon de carotte de 5 cm
- 20 g de blanc de volaille
- 20 cl de lait 2e âge
- 1 noisette de beurre au lait cru
- 1 pincée de cumin en poudre

Purée de fenouil et de volaille

De 6 à 9 mois

Lavez et épluchez la pomme de terre et le tronçon de carotte. Lavez le fenouil et retirez les feuilles du bulbe. Coupez tous les légumes en petits morceaux.

Mettez-les dans une casserole. Recouvrez d'une petite quantité d'eau, ajoutez la pincée de cumin en poudre. Couvrez. Laissez cuire 15 minutes environ à feu doux. Égouttez.

Coupez le blanc de volaille en petits morceaux. Faites-les dorer 2 minutes dans une poêle antiadhésive.

Mettez les légumes dans le bol du mixeur. Ajoutez le blanc de volaille, le lait et la noisette de beurre. Mixez jusqu'à obtenir une purée homogène.

Versez cette préparation dans le petit pot. Vérifiez bien la température avant de donner à la petite cuillère.

variante

Vous pouvez remplacer le blanc de volaille par de la viande de bœuf, un poisson à chair blanche ou un jaune d'œuf.

c'est bon pour lui

Le fenouil est un légume de diversification et de saveur originale. Il renferme une quantité abondante de fibres bien tolérées. Sa teneur en fer est aussi un de ses atouts.

Pour 1 petit pot
Préparation : 10 min
Cuisson : 14 min
Difficulté : *

€ € € €

- 1 économe
- 1 couteau
- 1 casserole
- 1 couvercle
- 1 passoire
- 1 mixeur
- 1 petit pot

INGRÉDIENTS :

- 100 g d'épinards en branches bio
- 1 pomme de terre
- 20 g de filet de saumon bio
- 6 cl de lait 2e âge

Brandade d'épinards au saumon

De 6 à 9 mois

Lavez les épinards sans les laisser tremper. Égouttez-les et équeutez-les.

Épluchez, lavez la pomme de terre. Coupez-la en petits dés. Placez-les dans une casserole. Ajoutez les épinards, couvrez d'eau. Laissez cuire 10 minutes à couvert, puis égouttez.

Faites cuire le saumon à la vapeur pendant 1 à 2 minutes.

Mettez la préparation à base d'épinards dans le bol du mixeur. Ajoutez le lait. Mixez jusqu'à obtenir une purée homogène.

Versez cette préparation dans le petit pot en intercalant une couche de saumon émietté. Vérifiez bien la température, mélangez puis donnez à la petite cuillère.

variante

Vous pouvez aussi utiliser des épinards surgelés. Remplacez le filet de saumon par d'autres poissons gras (hareng, maquereau ou sardine), qui apportent des oméga-3, indispensables au développement du cerveau des petits.

c'est bon pour lui

La haute densité en fibres et minéraux des épinards (zinc, fer, calcium, magnésium) stimule les défenses immunitaires et permet de résister aux infections.

Filet mignon aux pruneaux

De 6 à 9 mois

Pour 1 portion
Préparation : 15 min
Cuisson : 11 min
Difficulté : *

€ € € €

- 1 petite planche à découper
- 1 petite casserole et 1 couvercle
- 1 bol et 1 couvercle pour micro-ondes
- 1 mixeur • 1 assiette

INGRÉDIENTS :

- 20 g de filet mignon de porc
- 3 pruneaux
- 2 petites pommes de terre
- 1 cuil. à café d'huile

Coupez la viande en petits morceaux, partagez chaque pruneau en deux et retirez les noyaux. Lavez les pommes de terre et piquez-les à la fourchette en plusieurs endroits.

Faites cuire à couvert le filet mignon et les pruneaux dans une petite casserole avec un fond d'eau. Laissez mijoter doucement pendant 8 minutes. Pendant ce temps, déposez les pommes de terre dans un bol, couvrez et laissez cuire au micro-ondes pendant environ 3 minutes.

Laissez reposer 1 minute. Mixez la viande avec les pruneaux et quelques cuillérées à soupe de jus de cuisson selon la consistance désirée.

Pelez les pommes de terre, coupez-les en dés, disposez-les sur une assiette, versez l'huile, mélangez et ajoutez à côté la viande mixée.

Saumon à la provençale

De 6 à 9 mois

Pour 1 portion
Préparation : 15 min
Cuisson : 10 min
Difficulté : *

€ € € €

- 1 casserole • 1 économe
- 1 plat et 1 couvercle pour micro-ondes
- 1 assiette • 1 mixeur
- papier cuisson

INGRÉDIENTS :

- 1 tomate
- 1/2 poivron rouge
- 20 g de saumon
- 1 cuil. à café d'huile d'olive
- 1 pointe de couteau de basilic

Portez une casserole d'eau à ébullition et lavez la tomate. Plongez-la dans l'eau bouillante pendant 1 minute et pelez-la. Coupez-la en quartiers, retirez les pépins et coupez la chair en petits cubes.

Pelez le poivron avec un économe, lavez-le et retirez les graines et les filaments blancs. Coupez-le en petits cubes et placez-les dans un plat adapté au micro-ondes avec un fond d'eau. Couvrez et laissez cuire pendant environ 7 minutes.

Disposez les petits morceaux de tomate et de poivron au centre d'une feuille de papier cuisson, ajoutez le saumon, rabattez successivement chaque côté de la feuille, puis repliez les deux extrémités en dessous pour former un paquet bien fermé.

Déposez la papillote sur une assiette et terminez la cuisson 2 minutes au four à micro-ondes. Défaites la papillote dans le bol du mixeur et mixez l'ensemble.

Disposez la purée sur l'assiette, ajoutez l'huile d'olive, le basilic et mélangez.

Pour 1 portion
Préparation : 10 min
Cuisson : 10 min
Difficulté : *

€ € € €

- 1 four à micro-ondes
- 1 plat et 1 couvercle pour micro-ondes
- 1 économe
- 1 mixeur
- 1 assiette

INGRÉDIENTS :

- 20 g d'escalope fine de veau (dans la noix)
- 2 carottes (150 à 200 g)
- 1 cuil. à café de crème fraîche
- persil haché

Escalope de veau
à la crème et carottes

De 6 à 9 mois

Pelez les carottes, lavez-les et coupez-les en rondelles. Coupez la viande en petits dés et mettez les carottes et le veau dans un plat convenant au micro-ondes avec 1 demi-verre d'eau.

Couvrez, faites cuire pendant 30 secondes, retirez le veau et remettez le plat à cuire pendant 9 à 10 minutes environ (adaptez selon la puissance de votre four). Laissez reposer quelques minutes.

Mixez la viande avec la crème fraîche et écrasez les carottes à la fourchette.

Mettez le veau et les carottes dans une assiette en les séparant et ajoutez un peu de persil.

variante

Remplacez l'escalope de veau par du blanc de dinde ou de poulet. Vous pouvez aussi cuire ce plat à la casserole, mais la réalisation sera beaucoup plus longue, et les pertes en vitamines et minéraux des carottes plus importantes.

c'est bon pour lui

La crème fraîche est une matière grasse équivalente au beurre par la nature des graisses qui la composent, mais en moins gras (30 % de lipides contre 82 %).

nounou

Pour 1 portion
Préparation : 10 min
Cuisson : 20 min
Difficulté : *

- 2 bols
- 3 assiettes creuses
- 1 fouet ou 1 fourchette
- 1 poêle
- papier absorbant

INGRÉDIENTS :

- 1 pilon de poulet
- 1/2 tasse de pétales de maïs soufflé
- 1 cuil. à café d'huile
- 1 cuil. à soupe de fécule de pomme de terre
- 1 œuf

Poulet croustillant

Dès 12 mois

Retirez la peau du pilon : pincez-la entre les doigts avec du papier absorbant, tirez dessus en remontant vers le haut. Versez la moitié de l'huile dans une poêle. Faites dorer le pilon sur toutes ses faces. Laissez tiédir.

Dans un bol, écrasez les pétales de maïs avec le dos d'une cuillère de manière à obtenir une chapelure.

Dans un autre bol, fouettez l'œuf en omelette. Versez l'œuf battu dans une assiette creuse. Placez la fécule de pomme de terre dans une deuxième assiette et la chapelure de maïs dans une troisième. Roulez le pilon dans la fécule, puis dans l'œuf battu, et enfin dans la chapelure.

Faites dorer le pilon dans la poêle avec le restant d'huile. Égouttez-le sur une feuille de papier absorbant. Servez accompagné d'une purée de légumes.

variante

À la place du poulet, on peut très bien paner des côtes d'agneau ou encore des steaks hachés reconstitués.

c'est bon pour lui

Les enfants adorent leur forme, leur goût, leur croquant… En plus, ces panures apportent des glucides, des protéines d'origine végétale, des vitamines et du fer.

MES P'TITS PLATS DE VIANDE ET POISSON

Pour 1 portion
Préparation : 10 min
Cuisson : 12 min
Difficulté : *

€ € € €

Boulettes de poisson

Dès 12 mois

- 1 bol
- 1 mixeur
- 1 casserole
- 1 cuillère à café
- 1 petite assiette

INGRÉDIENTS :

- 30 g de cabillaud
- 1 tranche de pain de mie
- 2 cuil. à soupe de lait
- 2 brins de ciboulette
- 1 œuf
- 25 cl de bouillon de légumes
- 1 cuil. à café de fromage blanc
- 1/2 cuil. à café de sauce tomate

Lavez, essuyez et émincez la ciboulette. Dans un bol, faites tremper 1 minute le pain de mie dans le lait. Égouttez-le.

Mixez ensemble le poisson, le pain de mie égoutté, la ciboulette et l'œuf.

Dans une casserole, portez à ébullition le bouillon de légumes. Avec une cuillère à café, formez des boulettes avec le mélange poisson-pain-œuf. Plongez-les dans le bouillon. Réduisez le feu. Laissez cuire 12 minutes.

Égouttez les boulettes de poisson. Servez-les accompagnées d'une sauce au fromage blanc et à la tomate.

variante

Remplacez le fromage blanc par de la purée d'amandes blanches. Vous pouvez aussi associer ces boulettes de poisson à une purée de légumes. Elles peuvent être réalisées avec tous types de poissons sans arêtes.

c'est bon pour lui

Le poisson est source de protéines. Faites la différence entre les poissons maigres (sole, limande, cabillaud, lieu, colin…) et les poissons gras (thon, maquereau, saumon…). Sur une semaine, proposez deux fois du poisson, un maigre et un gras.

Pour 1 portion
Préparation : 15 min
Cuisson : 20 min
Difficulté : *

€ € € €

- 1 casserole
- 1 poêle antiadhésive
- 1 fourchette
- 1 petite assiette
- 1 économe

INGRÉDIENTS :

- 30 g de filet d'agneau
- 50 g de petits pois
- 1 carotte
- 1 pomme de terre
- 1 filet d'huile d'olive

Parmentier d'agneau aux légumes printaniers

Dès 12 mois

Épluchez la pomme de terre et la carotte. Lavez les légumes, coupez-les en petits morceaux.

Versez 50 cl d'eau dans une casserole. Ajoutez les morceaux de pomme de terre et de carotte, les petits pois écossés. Couvrez, faites cuire 15 minutes.

Pendant ce temps, coupez l'agneau en très petits dés. Faites-les revenir doucement dans une poêle antiadhésive avec l'huile d'olive. Réservez.

Égouttez les légumes, réservez le jus de cuisson. Écrasez-les à la fourchette en ajoutant 1 à 2 cuillerées de jus de cuisson. Incorporez l'huile. Mélangez bien.

Présentez l'agneau entre deux couches de purée de légumes sur une petite assiette. Servez aussitôt.

variante

Vous pouvez ajouter à l'eau de cuisson des légumes quelques branches de thym, de persil plat ou 2 feuilles de basilic, que vous retirerez avant de réduire les légumes en purée.

c'est bon pour lui

L'agneau est une viande riche en fer, minéral indispensable à la formation des globules rouges. Choisissez de préférence un morceau maigre, pour éviter les surcharges en matière grasse : gigot, épaule ou côte dégraissée.

Boulettes de viande
à la méridionale

Dès 12 mois

Pour 1 portion
Préparation : 10 min
Cuisson : 20 min
Difficulté : *
€ € € €

- 1 économe
- 1 râpe fine
- 1 bol
- 1 fourchette
- 1 plat allant au four
- papier cuisson

INGRÉDIENTS :

- 30 g de viande de bœuf hachée (5 % de matière grasse maximum)
- 1/2 courgette
- 1/4 de petit oignon
- 1 pomme de terre moyenne cuite
- 2 feuilles de menthe
- 1 cuil. à soupe de sauce tomate

Préchauffez le four à 180 °C (th. 6). Lavez, essuyez, épluchez et râpez la demi-courgette. Coupez très finement l'oignon.

Dans un bol, placez la viande, le râpé de courgette, la pomme de terre écrasée et l'oignon.

Ajoutez la menthe ciselée et la sauce tomate. Mélangez bien. Formez des petites boulettes.

Disposez-les dans un plat allant au four recouvert d'une feuille de papier cuisson.

Faites cuire les boulettes 20 minutes, en les retournant régulièrement.

variante

Vous pouvez accompagner ces boulettes de quelques cuillerées de yaourt nature.

Réalisez cette recette avec d'autres légumes : brocoli, carottes…

c'est bon pour lui

L'oignon est un des légumes les plus riches en antioxydants. Il favorise aussi grandement le métabolisme des cellules. Cette recette permet de l'introduire en douceur dans l'alimentation de votre tout-petit.

Pour 1 petit pot
Préparation : 15 min
Cuisson : 30 min
Difficulté : *

€ € € €

- 1 économe
- 1 couteau
- 1 casserole
- 1 couvercle
- 1 mixeur
- 1 petit pot

INGRÉDIENTS :

- 30 g de gigot d'agneau (épaule ou selle)
- 1 carotte
- 1 pomme de terre
- 1/2 courgette
- 1/2 cuil. à café de miel liquide
- 1 pincée de quatre-épices
- 1 brin de coriandre
- 2 cuil. à café d'huile de colza

Tajine d'agneau

Dès 12 mois

Épluchez la pomme de terre et la carotte. Lavez-les et coupez-les en petits dés. Coupez la demi-courgette lavée en rondelles. Rincez et égouttez le brin de coriandre.

Dans une casserole légèrement huilée, faites dorer la viande coupée en petits morceaux. Ajoutez les dés de carotte et de pomme de terre. Saupoudrez de quatre-épices. Incorporez le miel. Mélangez bien.

Couvrez à moitié avec de l'eau. Laissez mijoter 15 minutes à couvert sur feu doux. Ajoutez les rondelles de courgette et le brin de coriandre ciselé. Prolongez la cuisson pendant 10 minutes sans couvrir.

Mixez ensemble les légumes et la viande jusqu'à obtenir une purée homogène.

Versez cette préparation dans le petit pot. Vérifiez bien la température avant de donner à la petite cuillère.

variante

Au moment de la cuisson des légumes, vous pouvez remplacer la moitié de l'eau par du jus d'orange fraîchement pressé.

c'est bon pour lui

Connu pour ses puissantes vertus antibactériennes et anti-infectieuses, le miel est aussi une source importante d'énergie.

Mieux vaut éviter de donner de la viande rouge à votre bébé plus d'une fois par semaine.

p'ti pot

Pour 1 petit pot
Préparation : 15 min
Cuisson : 22 min
Difficulté : *

€ € € €

- 1 casserole
- 1 passoire
- 1 écumoire
- 1 mixeur
- 1 plat allant au four
- 1 petit pot

INGRÉDIENTS :

- 20 g de filet de merlan
- 100 g de haricots verts
- 5 cl de lait 2e âge
- 1 cuil. à café de fécule de maïs
- 1 brin de cerfeuil

Purée de merlan, haricots verts, fines herbes

Dès 12 mois

Lavez et équeutez les haricots verts. Mettez-les dans une casserole et couvrez-les d'eau. Laissez cuire 15 minutes dans une eau frémissante. Retirez-les à l'aide d'une écumoire.

Mettez le poisson dans l'eau de cuisson des haricots verts. Laissez cuire pendant 2 minutes environ. Égouttez le poisson. Préchauffez le four à 180 °C (th. 6).

Dans le bol du mixeur, mettez les haricots verts, le poisson, le lait, la fécule et le cerfeuil préalablement lavé et égoutté. Mixez jusqu'à obtenir une purée homogène. Versez cette préparation dans le petit pot.

Placez le petit pot au bain-marie dans un plat allant au four. Laissez cuire 5 minutes. Vérifiez bien la température avant de donner à la petite cuillère.

variante

Vous pouvez remplacer les haricots verts par des petits pois ou des bouquets de brocoli.

c'est bon pour lui

Le haricot vert est un légume très bien toléré grâce à ses fibres tendres. Après cuisson, on y trouve encore de bonnes quantités de provitamine A, de vitamines B9 (acide folique) et C ainsi qu'un peu de magnésium, de calcium et de fer.

Pour 1 petit pot
Préparation : 10 min
Cuisson : 30 min
Difficulté : *

- 1 économe
- 1 couteau
- 2 casseroles
- 1 couvercle
- 1 passoire
- 1 mixeur
- 1 plat allant au four
- 1 petit pot

INGRÉDIENTS :

- 1 noix de Saint-Jacques bien fraîche
- 2 cuil. à soupe de maïs en grains bio
- 1 carotte
- 1 cuil. à café de purée d'amandes
- 3 cuil. à soupe de lait 2e âge
- 1 brin de cerfeuil

Purée de saint-jacques, maïs et carotte

Dès 12 mois

Épluchez et lavez la carotte. Coupez-la en petits dés. Mettez-les dans une casserole. Couvrez d'eau et laissez cuire 15 minutes à couvert. Égouttez. Préchauffez le four à 180 °C (th. 6).

Égouttez les grains de maïs. Mettez-les dans une casserole. Ajoutez le lait. Faites chauffer à feu doux. Versez dans le bol du mixeur. Mixez jusqu'à obtenir un coulis.

Ajoutez-y la noix de Saint-Jacques, les dés de carotte, le cerfeuil préalablement lavé et la purée d'amandes. Mixez jusqu'à obtention d'une purée homogène. Versez cette préparation dans le petit pot.

Placez le petit pot au bain-marie dans un plat allant au four. Laissez cuire 15 minutes. Vérifiez bien la température avant de donner à la petite cuillère.

variante

Vous pouvez remplacer la noix de Saint-Jacques par des crevettes décortiquées ou du poisson blanc.

c'est bon pour lui

Riche en protéines (essentielles à la croissance et au renouvellement des cellules), pauvre en lipides (moins de 1 % de matière grasse), la coquille Saint-Jacques contient également des oligoéléments aussi précieux que le fer.

Pour 1 petit pot
Préparation : 20 min
Marinade : 30 min
Cuisson : 10 min
Difficulté : *

€ € € €

- 2 casseroles
- 1 couteau
- 1 bol
- film alimentaire
- 1 passoire
- 1 poêle
- 1 spatule
- 1 mixeur
- 1 petit pot

INGRÉDIENTS :

- 30 g de blanc de poulet
- 60 g de pâtes (spaghettis, tagliatelles...)
- 1 cuil. à café de miel liquide
- 1 cuil. à soupe de jus de citron
- 1 tomate
- 1 cuil. à café de sauce soja

Purée de poulet au miel et au citron

Dès 12 mois

Lavez, essuyez la tomate. Plongez-la quelques secondes dans de l'eau bouillante. Égouttez. Pelez-la, coupez-la et retirez les graines. Détaillez-la en petits cubes.

Placez les dés de tomate dans un bol avec le miel, le jus de citron et la sauce soja. Mélangez bien. Ajoutez le poulet émincé. Couvrez le bol d'un film alimentaire. Laissez mariner 30 minutes au réfrigérateur.

Dans une casserole, portez à ébullition 50 cl d'eau. Ajoutez les pâtes. Laissez cuire 5 minutes. Égouttez.

Dans une poêle, faites revenir le poulet et sa marinade 5 minutes sur feu doux. Ajoutez les pâtes. Mélangez bien.

Versez cette préparation dans le bol du mixeur. Mixez puis versez dans le petit pot. Vérifiez bien la température avant de donner à la petite cuillère.

variante

Vous pouvez remplacer les pâtes par de la semoule fine et le jus de citron par un jus d'orange.

c'est bon pour lui

Utilisée dans de nombreux plats, la sauce soja permet de rehausser la saveur de certains aliments, d'ajouter un petit quelque chose, pour éveiller les papilles et découvrir d'autres goûts.

Pour 1 petit pot
Préparation : 15 min
Cuisson : 25 min
Difficulté : *

€ € € €

- 1 couteau
- 1 cuit-vapeur
- 1 économe
- 1 casserole
- 1 passoire
- 1 poêle
- 1 mixeur
- 1 petit pot

INGRÉDIENTS :

- 100 g d'asperges vertes (fraîches ou surgelées)
- 30 g de gigot d'agneau
- 1 pomme de terre
- 1 noisette de beurre au lait cru
- 6 cl de lait 2e âge

Parmentier d'asperges à l'agneau

Dès 12 mois

Enlevez la membrane dure qui enveloppe la base des asperges. Faites-les cuire 10 minutes à la vapeur ou au four à micro-ondes avec 4 cuillerées à soupe d'eau.

Pelez et lavez la pomme de terre. Coupez-la en petits dés. Faites-les cuire 10 minutes dans une casserole d'eau bouillante. Égouttez.

Dans une poêle antiadhésive, faites dorer le gigot 5 minutes avec une noisette de beurre. Émincez-le finement.

Dans le bol du mixeur, mettez les asperges coupées en petits tronçons et les dés de pomme de terre. Ajoutez le lait légèrement tiédi. Mixez jusqu'à obtenir une purée homogène.

Versez dans le petit pot l'émincé de gigot puis la purée d'asperge. Vérifiez bien la température, mélangez puis donnez à la petite cuillère.

variante

Au moment de la cuisson des asperges, vous pouvez remplacer l'eau par un bouillon de légumes.

c'est bon pour lui

L'asperge nous fait bénéficier de sa haute densité minérale et vitaminique. Ses fibres sont très bien tolérées.
Elles aident au bon fonctionnement intestinal, et ses composés diurétiques facilitent le travail rénal.

Mieux vaut éviter de donner de la viande rouge à votre bébé plus d'une fois par semaine.

Pour 3 portions
Préparation : 10 min
Cuisson : 7 min
Difficulté : *

- 3 moules à tartelette
- 1 fourchette
- 1 rouleau à pâtisserie

INGRÉDIENTS :

- 50 g de pâte brisée
- 1 cuil. à soupe de thon au naturel
- 2 cuil. à soupe de ratatouille
- 1 cuil. à café de crème fraîche
- farine

Tartelettes au thon et à la ratatouille

Dès 12 mois

Préchauffez le four à 190 °C (th. 6-7) pendant 10 minutes.

Étalez la pâte assez fine à l'aide du rouleau à pâtisserie sur un plan de travail légèrement fariné.

Tapissez de pâte brisée 3 moules à tartelette. Piquez le fond des tartelettes à la fourchette. Faites cuire à blanc 5 minutes.

Au sortir du four, répartissez le thon égoutté et émietté sur la pâte et recouvrez de ratatouille. Déposez au centre 1 noisette de crème fraîche. Repassez les tartelettes au four 1 à 2 minutes. Servez.

variante

Vous pouvez remplacer les fonds de tartelettes par des mini-bouchées à la reine en pâte feuilletée. Vous pouvez aussi concevoir de nombreuses variantes sur le même principe avec courgette, tomate au chèvre, poireau…

c'est bon pour lui

Manger sans couteau ni fourchette ? Les tout-petits adorent ça. Alors pourquoi ne pas leur faire plaisir de temps à autre, en veillant à leur concocter des plats équilibrés.

Pour 1 portion
Préparation : 10 min
Cuisson : 20 min
Difficulté : *
€ € € €

- 1 bol
- 1 cocotte
- ficelle de cuisine

INGRÉDIENTS :

- 1 morceau de filet de dinde de 50 g environ
- 2 cuil. à soupe de julienne de légumes cuits
- 3 marrons entiers cuits (facultatif)
- 2 brins de persil plat
- 20 cl de bouillon de volaille
- huile de tournesol

Roulade de dinde aux petits légumes

Dès 12 mois

Lavez, essuyez les brins de persil. Effeuillez-les. Hachez-les finement.

Dans un bol, travaillez la julienne de légumes avec les marrons entiers et le haché de persil, de manière à obtenir une farce homogène.

Aplatissez bien le filet de dinde. Répartissez la farce au centre, puis roulez le filet sur lui-même. Ficelez-le comme un rôti.

Dans une cocotte légèrement huilée, faites saisir la roulade de dinde de tous les côtés. Ajoutez le bouillon de volaille. Laissez mijoter 15 à 20 minutes à couvert.

Servez la roulade déficelée, coupée en tranches.

variante

Vous pouvez utiliser de la julienne de légumes toute prête, surgelée ou en conserve. Accompagnez cette roulade de coquillettes ou de riz.

c'est bon pour lui

La dinde est une viande blanche particulièrement bien adaptée au goût des jeunes enfants. Elle est une excellente source de protéines, pauvre en lipides. Elle est aussi riche en fer et en zinc, apporte du potassium, du phosphore, du magnésium et de la vitamine B (nécessaire au système nerveux).

Pour 1 portion
Préparation : 15 min
Cuisson : 18 min
Difficulté : *

€ € € €

- 1 casserole
- 1 pique en bois
- 1 plat allant au four
- papier d'aluminium
- 1 économe

INGRÉDIENTS :

- 1 filet de sole
- 1 carotte
- 1 crevette rose
- 25 cl de fumet de poisson
- 1 noisette de beurre
- 1 blanc d'œuf
- 1 cuil. à soupe de sauce tomate

Roulé de sole farci à la carotte

Dès 12 mois

Préchauffez le four à 180 °C (th. 6). Lavez, épluchez la carotte. Coupez-la en petits dés. Faites-les cuire 10 minutes dans 25 cl d'eau bouillante.

Réduisez en purée, incorporez le beurre, puis le blanc d'œuf. Mélangez bien. Laissez refroidir.

Étalez la purée de carotte sur le filet de sole. Placez dessus la crevette décortiquée. Enroulez le filet. Maintenez-le fermé avec une pique en bois.

Versez le fumet de poisson dans un plat allant au four et déposez le roulé de sole. Recouvrez le plat avec une feuille de papier d'aluminium. Enfournez pour 6 minutes environ.

Servez nappé de sauce tomate légèrement tiède.

variante

Vous pouvez remplacer la purée de carotte par une purée de brocoli, de courgette ou d'épinards.

c'est bon pour lui

La sole est un poisson maigre et riche en protéines d'excellente qualité. Celles-ci sont indispensables au bon fonctionnement des cellules, garantissant l'apport d'acides aminés essentiels que l'organisme ne sait pas fabriquer.

Lentilles au poulet

Dès 12 mois

Pour 1 portion
Préparation : 20 min
Cuisson : 20 min
Difficulté : *

€

- 1 économe
- 1 casserole
- 1 plat allant au four
- 1 mixeur
- 1 petite assiette

INGRÉDIENTS :

- 1/2 carotte
- 1 petit navet
- 30 g de blanc de poulet
- 3 cuil. à soupe de lentilles cuites
- 50 cl de bouillon de légumes
- 1 cuil. à soupe de crème fraîche
- 20 g de comté
- huile de colza

Lavez, épluchez la carotte et le navet. Coupez la carotte en dés, le navet en fines rondelles.

Dans une casserole, versez le bouillon de légumes. Ajoutez les légumes. Laissez cuire 10 minutes. Égouttez.

Mixez le blanc de poulet. Ajoutez les lentilles aux légumes cuits, puis le hachis de poulet. Mélangez. Versez cette préparation dans un plat allant au four légèrement huilé.

Nappez le dessus de crème fraîche mélangée au comté râpé. Faites gratiner sous le gril du four 8 à 10 minutes.

Coupez le gratin pour laisser s'échapper la vapeur. Servez de petites quantités sur une petite assiette et mélangez les ingrédients pour diminuer la chaleur.

variante

Vous pouvez remplacer le poulet par du jambon, de l'agneau, du veau ou encore des miettes de poisson sans arêtes.

c'est bon pour lui

Le gratin est l'exemple même de l'équilibre alimentaire, puisqu'il est composé de différents aliments (dont généralement un produit laitier) aux atouts nutritionnels complémentaires.

Pour 1 portion
Préparation : 7 min
Cuisson : 15 min
Difficulté : *

€ € € €

- 1 casserole • 1 bol
- 1 plat allant au micro-ondes
- 1 poêle • 1 spatule
- 1 petite assiette ou 1 bol

INGRÉDIENTS :

- 50 g de riz
- 50 g de filet de saumon
- 2 c. à s. de petits pois surgelés
- 1 œuf
- 1 c. à c. d'huile de colza
- 1 pincée de sel

Riz cantonais
au poisson

Dès 12 mois

Dans une casserole, faites cuire le riz à l'eau bouillante légèrement salée en suivant les indications de cuisson sur le paquet. Égouttez.

Mettez les petits pois avec 1 cuillerée à soupe d'eau dans un récipient couvert. Faites cuire 3 minutes au four à micro-ondes à puissance maximale. Égouttez.

Faites chauffer doucement l'huile dans une poêle, versez l'œuf battu en omelette. Quand l'omelette est cuite, laissez-la refroidir avant de la couper en petits morceaux.

Dans la même poêle, faites cuire le poisson 6 minutes, en le retournant à mi-cuisson. À l'aide d'une spatule, détaillez-le en petits morceaux. Ajoutez le riz, les petits pois, l'omelette émincée. Laissez cuire 1 minute. Servez aussitôt sur une petite assiette ou dans un bol.

Pour 1 portion
Préparation : 8 min
Cuisson : 5 min
Difficulté : *

€ € € €

- 2 piques en bois
- 1 petite assiette

INGRÉDIENTS :

- 30 g de viande de bœuf maigre
- 20 g de comté
- 4 c. à s. de riz cuit

Brochettes de bœuf
au fromage

Dès 12 mois

Coupez la viande en tranches très fines.

Coupez le fromage en bâtonnets. Enveloppez chaque morceau de fromage d'une tranche de viande. Piquez le fromage ainsi enroulé au bout des piques en bois.

Faites griller les brochettes 5 minutes sous le gril du four, en les retournant à mi-cuisson. Servez aussitôt. Accompagnez ces brochettes avec du riz.

Pour 2 à 3 portions
Préparation : 10 min
Cuisson : 10 min
Difficulté : *

€ € € €

Mini-pizzas à la poêle

Dès 12 mois

- 1 petit verre
- 1 rouleau à pâtisserie
- papier absorbant
- 1 saladier
- 1 petite assiette
- 1 poêle et 1 couvercle
- papier cuisson

INGRÉDIENTS :

- 120 g de pâte à pizza
- 1 tomate
- 1 bonne cuil. à soupe de thon au naturel (en boîte)
- 1 cuil. à soupe de mozzarella râpée
- huile d'olive
- 1 pincée d'origan

Étalez la pâte sur du papier cuisson et découpez six cercles en appuyant un petit verre renversé.

Lavez la tomate, coupez-la en quartiers et retirez les pépins. Découpez-la en petits cubes, placez-les dans une petite assiette et effectuez une pré-cuisson d'1 minute au four à micro-ondes. Versez la tomate dans un saladier, ajoutez le thon, l'origan et mélangez.

Versez un peu d'huile d'olive dans une poêle à revêtement antiadhésif et enlevez le surplus avec un papier absorbant. Déposez les six petits cercles de pâte, couvrez et laissez cuire 2 minutes. Retournez-les, puis laissez dorer 3 minutes.

Retirez du feu, répartissez le mélange à la tomate sur les pizzas et saupoudrez de fromage. Remettez à chauffer pendant 1 minute toujours à couvert, puis coupez le feu et laissez reposer avec le couvercle pendant 2 à 3 minutes.

variante

Remplacez le thon par du crabe, des crevettes ou du jambon blanc.

c'est bon pour lui

Accompagnez cette entrée d'une salade de crudités avec 2 à 3 cuillerées à café de viande ou de poisson pour compléter l'apport en protéines.

Pour 1 portion
Préparation : 15 min
Cuisson : 2 min
Difficulté : *
€ € € €

- 1 poêle
- 1 assiette

INGRÉDIENTS :

- 30 g d'aiguillettes de canard
- 1 orange
- 5 cuil. à soupe de pur jus d'orange
- 1/4 de cuil. à café de miel
- 1 cuil. à café d'huile

Aiguillettes de canard à l'orange

Dès 12 mois

Pelez l'orange à vif, séparez les tranches et retirez la membrane blanche en détachant chaque quartier. Réservez le jus.

Versez l'huile dans une poêle et faites revenir les aiguillettes à feu doux pendant 1 minute en les retournant souvent.

Ajoutez ensuite le miel, les quartiers d'orange, le jus d'orange (complété par du jus en bouteille), et laissez mijoter encore 1 minute.

Versez les aiguillettes sur une assiette avec leur jus de cuisson et les tranches d'orange.

variante

Remplacez le canard par du poulet ou du filet de porc.

c'est bon pour lui

Ce plat ne comportant pas de glucides complexes, apportez un complément au repas avec un plat de féculent (mini-pizzas en entrée, semoule ou riz au lait en dessert).

Pour 1 portion
Préparation : 10 min
Cuisson : 38 min
Difficulté : *

€ € € €

- 1 casserole
- 1 mixeur
- 1 poêle à revêtement antiadhésif
- papier absorbant
- 1 assiette

INGRÉDIENTS :

- 30 g de côte de porc dans le filet (sans os ni gras)
- 45 g de lentilles
- 1/2 feuille de laurier
- 1/4 d'oignon
- 1/2 carotte
- huile
- 1 noisette de beurre
- persil

Côte de porc et purée de lentilles

Dès 12 mois

Pelez et lavez l'oignon et la carotte. Mettez-les dans une casserole, ainsi que les lentilles, le laurier et versez de l'eau à hauteur.

Faites cuire les lentilles à feu doux pendant environ 30 minutes (vérifiez le temps de cuisson indiqué sur l'emballage).

Une dizaine de minutes avant que les lentilles ne soient cuites, passez dans une poêle à revêtement antiadhésif un papier absorbant légèrement huilé et faites cuire la côte de porc à feu doux 4 minutes de chaque côté (ajoutez un peu d'eau si nécessaire).

Retirez la garniture aromatique et mixez les lentilles cuites avec un peu d'eau de cuisson.

Disposez la purée de lentilles et la viande dans une assiette, ajoutez le beurre et saupoudrez de persil.

variante

Remplacez la purée de lentilles par une purée de flageolets ou de pois chiches.

c'est bon pour lui

Les lentilles, comme l'ensemble des légumes secs, sont peu digestes pour les jeunes systèmes digestifs. Réduits en purée, ils ne présentent plus cet inconvénient. En revanche, à partir de 18 mois en moyenne, les jeunes enfants sont capables de les digérer « entiers » et non plus en purée.

Pour 2 portions
Préparation : 15 min
Cuisson : 10 min
Difficulté : *

€ € € €

- 1 assiette
- 2 bols
- 1 mixeur
- 1 poêle
- 1 plat pour micro-ondes

INGRÉDIENTS :

- 2 tomates
- 30 g de jambon dégraissé
- 30 g de steak haché
- 1 petite tranche de pain de mie fine (12 g)
- 5 cl de lait
- 1/4 d'échalote
- 1 pincée de persil
- 1 pincée d'estragon
- 1 cuil. à café d'huile d'olive
- 2 pincées de gruyère râpé

Tomates farcies

Dès 12 mois

Lavez les tomates, coupez le chapeau et évidez l'intérieur avec une petite cuillère. Pressez-les légèrement et retournez-les sur une assiette pour qu'elles s'égouttent.

Versez le lait dans un bol, faites-le tiédir 10 secondes au micro-ondes. Coupez le pain de mie en petits morceaux et laissez-le tremper dans le lait (au moment de l'utiliser, éliminez l'excédent de lait si nécessaire).

Mixez le jambon avec l'échalote, transvasez dans un bol, puis ajoutez le steak haché et mélangez. Faites chauffer très doucement l'huile dans une poêle et faites cuire ce mélange pendant 5 minutes en remuant (ajoutez un peu d'eau si nécessaire). Ajoutez à cette préparation le pain de mie au lait, le persil, l'estragon et mélangez.

Remplissez les tomates de la farce obtenue, ajoutez le fromage râpé et recouvrez avec le chapeau. Placez-les sur un plat adapté et faites cuire au micro-ondes pendant 2 minutes. Retirez la peau (elle se détache facilement) et servez à bonne température.

variante

Utilisez cette recette de farce (dans laquelle vous pouvez remplacer le bœuf par de l'agneau), ajoutez un gros œuf et confectionnez quatre boulettes à cuire à la poêle, chacune apportant une quantité de viande et d'œuf suffisante pour un repas.

c'est bon pour lui

Cette farce est digeste pour bébé, car peu grasse et peu épicée. Accompagnez ces tomates de semoule.

Papillote de merlan à la purée de fenouil

Dès 12 mois

Pour 1 portion
Préparation : 15 min
Cuisson : 27 min
Difficulté : *

- 1 casserole • 1 mixeur
- 1 râpe • 1 économe
- 1 assiette • papier cuisson

INGRÉDIENTS :

- 1 petit bulbe de fenouil (200 g)
- 1 pomme de terre à purée (100 g)
- 4 c. à s. de lait
- 30 g de merlan
- 2 tomates cerise
- 1 olive verte
- 1 c. à c. d'huile d'olive
- 1 petit morceau de gingembre

Préparez la purée de fenouil : coupez les feuilles et le talon du bulbe, lavez-le et coupez-le en quatre. Pelez la pomme de terre, lavez-la et coupez-la en quatre également. Mettez le fenouil et la pomme de terre dans une casserole d'eau froide et laissez cuire 25 minutes.

Pendant ce temps, lavez les tomates cerise, coupez-les en deux et émincez l'olive en fines rondelles. Pelez le gingembre à l'économe et découpez une feuille de papier cuisson.

Placez le merlan au centre de la feuille et tout autour les moitiés de tomate cerise, l'olive émincée et l'huile d'olive. Râpez très peu de gingembre au-dessus du poisson. Rabattez la feuille, pliez-la comme un paquet et mettez-la sur une assiette.

Placez l'assiette au micro-ondes et faites cuire pendant 2 minutes environ. Pendant ce temps, mixez le fenouil et la pomme de terre avec le lait. Après cuisson, défaites la papillote sur l'assiette, avec son jus de cuisson et ajoutez la purée.

Curry de crevettes

Dès 12 mois

Pour 1 portion
Préparation : 15 min
Cuisson : 16 min
Difficulté : *

- 2 casseroles • 1 passoire
- 1 assiette

INGRÉDIENTS :

- 4 crevettes cuites (environ 60 g non décortiquées)
- 40 g de riz
- 3 c. à s. de lait de coco
- 2 c. à s. de lait – curry
- 1/4 de pomme – 1/4 d'échalote
- 1 c. à c. d'huile
- 1 pincée de coriandre

Portez une casserole d'eau à ébullition, versez le riz et faites-le cuire à petit bouillon pendant 11 minutes (vérifiez le temps de cuisson indiqué sur l'emballage). Égouttez-le, mettez-le sur une assiette et réservez.

Émincez finement l'échalote, découpez la pomme en petits cubes. Dans une autre casserole, versez le lait de coco, le lait, 2 cuillerées d'eau, une pointe de couteau de curry et mélangez.

Ajoutez l'échalote et la pomme, laissez cuire feu doux pendant 5 minutes et versez l'huile. Pendant ce temps, décortiquez les crevettes.

Incorporez les crevettes à la préparation précédente, mélangez et laissez chauffer doucement. Versez sur l'assiette à côté du riz, nappez de sauce et ajoutez la coriandre (réchauffez au micro-ondes si nécessaire).

Pour 1 petit pot
Préparation : 10 min
Cuisson : 25 min
Difficulté : *

- 1 bol
- 1 tasse
- 1 poêle
- 1 couvercle
- 1 couteau
- 1 spatule
- 1 mixeur
- 1 petit pot

INGRÉDIENTS :

- 1 petite courgette
- 4 cuil. à soupe de riz
- 30 g de râble de lapin bio
- 1/2 cube de bouillon de légumes
- 1 quartier d'oignon
- 2 cuil. à café d'huile de colza

MES P'TITS PLATS DE VIANDE ET POISSON

Petit pot de courgette, riz et lapin

Dès 12 mois

Mettez le cube de bouillon de légumes dans un bol. Versez dessus 1 tasse d'eau chaude. Laissez fondre.

Dans une poêle antiadhésive, versez l'huile de colza, puis faites blondir l'oignon émincé avec la courgette, lavée, essuyée et coupée en petits dés, et le râble de lapin finement haché.

Ajoutez le riz. Laissez dorer en remuant de temps en temps avec une spatule. Arrosez de bouillon de légumes. Laissez cuire à couvert jusqu'à ce que le riz ait complètement absorbé le jus, environ 20 minutes.

Versez cette préparation dans le bol du mixeur. Faites fonctionner l'appareil par à-coups, pour obtenir une texture plus ou moins fine.

Versez-la dans le petit pot. Vérifiez bien la température avant de donner à la petite cuillère.

variante

Au moment de la cuisson, vous pouvez ajouter quelques champignons frais, brossés sous un filet d'eau, égouttés et émincés. Ce sera encore meilleur !

c'est bon pour lui

La viande de lapin a l'avantage d'être maigre, tout en étant très nutritive. Si elle est bio, c'est aussi une source importante d'oméga-3 (surtout le râble) et de vitamine B (indispensable à la croissance).

R
Z

Parmentier de canard, légumes d'hiver

Dès 12 mois

Pour 1 petit pot
Préparation : 20 min
Cuisson : 25 min
Difficulté : *

- 2 casseroles
- 1 économe • 1 couteau
- 1 passoire • 1 fourchette
- 1 mixeur • 1 petit pot

INGRÉDIENTS :

- 30 g de filet de canard sans la peau
- 1 carotte – 1/4 de pâtisson
- 1 tranche de céleri-rave
- 1 pomme de terre
- le jus d'1/2 orange
- 1 noisette de beurre au lait cru
- 25 cl de lait 2e âge
- 1 pincée de cannelle

Dans une casserole, faites fondre doucement le beurre. Faites légèrement dorer le filet de canard finement émincé. Ajoutez la carotte préalablement épluchée, lavée et coupée en rondelles.

Saupoudrez de cannelle. Versez le jus d'orange et 8 cl d'eau. Mélangez. Laissez mijoter 15 minutes à feu moyen sans couvrir.

Épluchez et lavez la pomme de terre, le pâtisson et le céleri-rave. Coupez-les en petits morceaux. Mettez-les dans une casserole. Couvrez d'eau et portez à ébullition. Laissez cuire 10 minutes à couvert.

Égouttez tous les légumes, incorporez le lait. Écrasez-les à la fourchette afin d'obtenir une purée onctueuse.

Retirez le canard et les carottes. Mettez-les dans le bol du mixeur. Mixez par à-coups pour obtenir une texture plus ou moins fine. Versez le hachis de canard dans le petit pot. Recouvrez-le de purée de légumes. Vérifiez bien la température avant de donner à la petite cuillère.

Râpé de potiron à la truite

Dès 12 mois

Pour 1 petit pot
Préparation : 10 min
Cuisson : 15 min
Difficulté : *

- 1 couteau • 1 râpe
- 1 casserole • 1 couvercle
- 1 cuit-vapeur • 1 mixeur
- 1 spatule • 1 petit pot

INGRÉDIENTS :

- 100 g de potiron
- 30 g de filet de truite
- 1/2 c. à s. de purée d'amandes (ou crème liquide de soja bio)
- 1 brin d'estragon

Lavez et épluchez le potiron. Retirez les graines. Râpez-le finement et mettez-le dans une casserole. Ajoutez 10 cl d'eau. Couvrez, laissez cuire 10 minutes sur feu doux.

Faites cuire 2 minutes le filet de truite à la vapeur ou au four à micro-ondes.

Mixez le poisson avec le brin d'estragon lavé, égoutté et effeuillé. Ajoutez la purée d'amandes. Mélangez bien.

Mélangez le râpé de potiron et la préparation à base de truite.

Versez dans le petit pot. Faites réchauffer 1 minute au bain-marie. Vérifiez bien la température avant de donner à la petite cuillère.

Pour 1 petit pot
Préparation : 15 min
Cuisson : 10 min
Difficulté : *

- 1 économe
- 1 cuit-vapeur
- 1 fourchette
- 1 couteau
- 1 poêle
- 1 spatule
- 1 petit pot

INGRÉDIENTS :

- 1 petite pomme de terre
- 1 carotte
- 4 bouquets de chou-fleur
- 2 champignons de Paris
- 20 g d'escalope de veau hachée
- 2 cuil. à café d'huile de colza
- 1 cuil. à soupe de coulis de tomates
- 10 g de fromage râpé

Parmentier de légumes à la bolognaise

Dès 12 mois

Épluchez, lavez et coupez en petits dés la pomme de terre et la carotte. Faites cuire tous les légumes à la vapeur 4 minutes. Réduisez-les en purée avec une fourchette.

Coupez le pied terreux des champignons. Pelez-les. Émincez-les finement.

Dans une poêle, faites chauffer doucement l'huile. Ajoutez le hachis de veau et les champignons. Incorporez le coulis de tomates. Mélangez bien et laissez cuire au moins 15 minutes.

Mettez la purée de légumes dans le petit pot. Recouvrez-la avec la préparation à base de viande et de champignons. Parsemez le dessus de fromage râpé. Passez sous le gril 2 minutes. Vérifiez bien la température avant de donner à la petite cuillère.

variante

Vous pouvez aussi utiliser d'autres types de viandes déjà cuites et hachées : rôti de porc, de bœuf ou encore du blanc de poulet.

c'est bon pour lui

Voici un plat très complet pour votre tout-petit. Il y trouvera les fibres nécessaires à son transit, des protéines animales à teneur très faible en lipide mais aussi des vitamines B12, PP, du zinc, grâce à la viande de veau, nutritive et très digeste.

Mes p'tits desserts et goûters

Pour 1 portion
Préparation : 5 min
Cuisson : 2 min
Difficulté : *

- 1 casserole
- 1 fourchette
- 1 petit bol ou 1 petite assiette

INGRÉDIENTS :

- 18 cl de lait 2e âge
- 20 g de flocons de céréales (non sucrées)
- 4 cuil. à soupe de compote d'abricots en petit pot
- 3 rondelles de banane
- quelques gouttes de jus de citron
- 1 pincée de poudre d'amandes

Bouillie de céréales aux abricots

Dès 5 mois

Arrosez les rondelles de banane avec quelques gouttes de jus de citron pour éviter qu'elles ne s'oxydent à l'air. Écrasez-les finement à l'aide du dos d'une fourchette.

Dans une casserole, faites chauffer le lait sur feu doux.

Hors du feu, ajoutez en pluie les flocons de céréales. Laissez gonfler 1 à 2 minutes environ. Mélangez bien. Incorporez la compote d'abricots, les rondelles de banane écrasées et la poudre d'amandes. Mélangez bien.

Vérifiez la température et versez cette bouillie dans un bol ou une petite assiette (faites-la réchauffer au four à micro-ondes si nécessaire).

variante

Vous pouvez aussi utiliser de la compote de pommes ou de poires.

Un peu plus tard, vous pourrez remplacer les flocons de céréales par des miettes de pain d'épice ou de biscuits destinés aux plus grands.

c'est bon pour lui

Les fruits des petits pots sont si finement broyés que votre tout-petit peut les digérer très tôt. N'oubliez pas que, une fois entamé, un petit pot se conserve bien fermé, en moyenne 24 heures au réfrigérateur.

Biscuit au lait pomme-poire

Dès 5 mois

Pour 1 portion
Préparation : 5 min
Cuisson : 2 min
Difficulté : *
€ € € €

- 1 casserole
- 1 petit bol ou 1 biberon
- 1 mixeur ou 1 fourchette

INGRÉDIENTS :

- 20 cl de lait 2e âge
- 1 biscuit pour bébé sans gluten
- 2 c. à s. de compote pomme-poire (faite maison ou en petit pot)
- 1/2 c. à c. de miel liquide (ou solide à liquéfier quelques secondes au four à micro-ondes)

Versez le lait dans une casserole. Faites chauffer à feu doux, sans le faire bouillir.

Hors du feu, ajoutez le biscuit mixé très finement ou écrasé avec le dos d'une fourchette. Laissez reposer 2 minutes environ.

Incorporez la compote pomme-poire. Ajoutez le miel. Mélangez bien.

Versez cette préparation dans un petit bol ou un biberon. Vérifiez la température avant de donner ce dessert à votre tout-petit.

Bouillie « biscottine » à la carotte

Dès 5 mois

Pour 1 portion
Préparation : 5 min
Cuisson : 2 min
Difficulté : *
€ € € €

- 1 casserole
- 1 mixeur
- 1 assiette creuse
- 1 biberon ou 1 petit bol

INGRÉDIENTS :

- 10 cl de lait 2e âge
- 3 biscottes de blé complet
- 2 c. à s. de purée de carottes

Versez le lait dans une casserole. Faites chauffer à feu doux.

Mixez finement les biscottes de blé complet. Versez cette chapelure dans une assiette creuse. Versez dessus le lait chaud. Laissez reposer 1 minute environ.

Ajoutez la purée de carottes. Mélangez bien.

Versez cette bouillie dans un biberon ou un petit bol et servez-la à bonne température (faites-la réchauffer au four à micro-ondes si nécessaire).

110 ml
90
MADE IN FRANCE

Pour 1 petit pot
Préparation : 15 min
Cuisson : 15 min
Difficulté : *

- 1 passoire
- 1 casserole
- 1 couvercle
- 1 couteau
- 1 mixeur
- 1 petit pot

INGRÉDIENTS :

- 1 poire bien mûre
- 5 mûres
- 1 cuil. à soupe d'eau minérale
- 1/2 cuil. à café de sucre vanillé
- 1 petit-suisse
- 1 cuil. à café de confiture de fraise bio
- 1 biscuit pour tout-petits (sans huile de palme ni acide gras hydrogéné ou trans)

Compote marbrée aux fruits

Dès 5 mois

Mettez les mûres dans une passoire. Passez-les sous l'eau froide. Égouttez. Épluchez la poire. Coupez-la en deux. Retirez la queue et les pépins, puis détaillez-la en petits morceaux.

Placez les cubes de poire dans une casserole, ajoutez l'eau minérale. Couvrez, laissez cuire 15 minutes environ à feu moyen.

Mixez les poires avec les mûres, ajoutez le sucre vanillé et le biscuit. Mixez à nouveau et laissez refroidir.

Incorporez à la compote le petit-suisse et la confiture sans mélanger totalement afin d'obtenir un marbré.

Versez dans le petit pot. Vérifiez bien la température puis donnez cette préparation à la petite cuillère.

variante

Vous pouvez remplacer les mûres par des framboises, des myrtilles, des groseilles, des cassis, frais ou sous forme de gelée.

c'est bon pour lui

L'intérêt de ces fruits rouges est loin d'être négligeable. Il repose sur un faible apport énergétique lié à une teneur en sucre modérée, un apport en fibres alimentaires (régulatrices du transit intestinal) et en vitamine C.

MURE

Pour 1 portion
Préparation : 5 min
Cuisson : 1 min
Difficulté : *

€ € € €

- 1 assiette
- 1 casserole
- 1 mixeur
- 1 petit ramequin
- 1 biberon

INGRÉDIENTS :

- 1 banane mûre
- 10 cl de lait 2e âge
- 1 cuil. à café de fécule de maïs

Crème de banane

Dès 5 mois

Placez la banane non épluchée sur une assiette et percez la peau en plusieurs endroits avec une fourchette. Faites-la cuire au four à micro-ondes pendant 1 minute. Laissez reposer 1 minute.

Fendez la peau de la banane pour récupérer la chair à l'aide d'une petite cuillère et versez-la dans le mixeur. Ajoutez le lait et mixez l'ensemble.

Dans un petit ramequin, déposez la fécule de maïs et ajoutez très peu d'eau en remuant. Versez la banane mixée dans une petite casserole, ajoutez la fécule diluée et mélangez.

Portez à ébullition quelques secondes, mélangez et retirez du feu. Laissez refroidir, vérifiez la température et versez la crème de banane dans le biberon.

variante

Remplacez la banane par de la pomme ou de la poire et doublez la quantité de fécule.

c'est bon pour lui

Ajoutez quelques gouttes de citron pour éviter que la banane noircisse.

Stérilisable

Riz à la prune

Dès 5 mois

Pour 1 petit pot
Préparation : 10 min
Cuisson : 20 min
Difficulté : *

€ € € €

- 1 passoire
- 1 couteau
- 1 casserole
- 1 couvercle
- 1 petit pot

INGRÉDIENTS :

- 2 prunes
- 1 c. à s. de riz rond
- 18 cl d'eau minérale
- 1/2 c. à c. de miel (facultatif)

Lavez soigneusement les prunes. Essuyez-les. Coupez-les en deux dans le sens de la longueur. Retirez le noyau. Hachez-les finement.

Mettez le riz dans une passoire, rincez-le sous l'eau froide. Égouttez.

Placez-le dans une casserole et couvrez d'eau minérale. Ajoutez les émincés de prune.

Faites cuire à couvert, sur feu doux, pendant 20 minutes. Remuez de temps de temps.

Incorporez le miel si les prunes paraissent trop acides. Mélangez.

Versez dans le petit pot. Vérifiez bien la température avant de donner cette préparation à la petite cuillère.

Semoule au lait et à l'abricot

Dès 5 mois

Pour 1 petit pot
Préparation : 5 min
Cuisson : 15 min
Difficulté : *

€ € € €

- 1 casserole
- 1 couvercle
- 1 couteau
- 1 récipient
- 1 petit pot

INGRÉDIENTS :

- 1 abricot
- 1 c. à s. de semoule fine
- 18 cl de lait 2e âge
- 1/2 c. à c. de sucre
- 1 pincée de cannelle en poudre

Lavez soigneusement l'abricot. Essuyez-le. Coupez-le en deux dans le sens de la longueur. Retirez le noyau. Hachez-le très finement.

Dans une casserole, placez les émincés d'abricot dans le lait. Ajoutez le sucre. Couvrez, laissez cuire doucement sur feu doux pendant 10 minutes environ.

Versez cette préparation dans un récipient résistant à la chaleur. Ajoutez la semoule en pluie et laissez gonfler 5 minutes à couvert. Saupoudrez de cannelle et mélangez.

Versez dans le petit pot. Vérifiez bien la température avant de donner cette préparation à la petite cuillère.

MES P'TITS DESSERTS ET GOÛTERS

Pour 2 petits pots
Préparation : 10 min
Cuisson : 10 min
Réfrigération : 30 min
Difficulté : *

€ € € €

- 1 couteau
- 1 casserole
- 1 couvercle
- 1 récipient
- 1 mixeur
- 1 batteur électrique
- 2 petits pots

INGRÉDIENTS :

- 5 quetsches
- 1 biscuit rose à la cuillère
- 1 œuf (ou de l'agar-agar)
- 1 cuil. à soupe de jus de citron
- 1 cuil. à soupe de sucre vanillé
- 1/2 verre d'eau minérale (6 cl)

Mousse de quetsches aux biscuits roses

De 6 à 9 mois

Lavez les quetsches. Coupez-les en deux. Ôtez les noyaux. Coupez-les en petits dés.

Dans une casserole, portez doucement l'eau minérale et le jus de citron à ébullition. Ajoutez le sucre, les dés de quetsches. Laissez cuire à couvert 5 minutes environ. Hors du feu, laissez tiédir.

Séparez le blanc du jaune d'œuf. Mixez ensemble le jaune et la compote de quetsches. Montez le blanc en neige très ferme. Incorporez-le à la compote.

Répartissez la mousse ainsi obtenue dans deux petits pots. Placez au réfrigérateur au moins 30 minutes.

Au moment de servir, répartissez sur le dessus le biscuit rose finement écrasé.

variante

Vous pouvez remplacer les quetsches par des mirabelles, des reines-claudes ou des pruneaux ; l'œuf par du fromage blanc légèrement battu ou de l'agar-agar ; le biscuit rose par un biscuit destiné aux tout-petits.

c'est bon pour lui

Cette compote est un véritable dessert, riche en potassium, en fer et en magnésium. Elle contribue à un meilleur confort digestif, en renforçant l'apport en fibres de l'alimentation et en stimulant très efficacement le transit intestinal.

Purée de carotte confite au miel

De 6 à 9 mois

Pour 1 petit pot
Préparation : 5 min
Cuisson : 10 min
Difficulté : *

€ € € €

- 1 économe
- 1 râpe
- 1 assiette creuse
- 1 casserole
- 1 couvercle
- 1 mixeur
- 1 petit pot

INGRÉDIENTS :

- 1 carotte
- 1 c. à c. de jus de citron
- 1 c. à c. de miel liquide toutes fleurs

Épluchez la carotte. Rincez-la sous l'eau froide. Râpez-la finement. Placez le râpé dans une assiette creuse. Arrosez de jus de citron. Mélangez.

Mettez le râpé dans une casserole, ajoutez le miel liquide. Mélangez bien.

Couvrez. Laissez cuire 8 à 10 minutes sur feu très doux. Remuez de temps en temps en cours de cuisson.

Versez cette préparation dans le bol du mixeur. Mixez le tout jusqu'à obtenir une purée homogène.

Versez cette préparation dans le petit pot. Vérifiez bien la température avant de donner à la petite cuillère.

Tapioca à la poire

De 6 à 9 mois

Pour 2 petits pots
Préparation : 10 min
Cuisson : 12 min
Réfrigération : 30 min
Difficulté : *

€ € € €

- 1 couteau
- 1 spatule
- 1 assiette creuse
- 1 fourchette
- 1 casserole
- 2 petits pots

INGRÉDIENTS :

- 1 poire bien mûre
- 30 g de tapioca
- 5 cl de lait 2ᵉ âge

Pelez la poire, coupez-la en deux, retirez la queue et les pépins. Émincez-la finement. Réduisez en purée à l'aide d'une fourchette. Réservez.

Versez le lait dans une casserole et portez doucement à ébullition.

Ajoutez le tapioca en pluie. Mélangez bien avec une spatule pendant 2 minutes.

Laissez cuire à feu doux pendant 10 minutes environ. 5 minutes avant la fin de la cuisson, incorporez la purée de poire. Mélangez. Versez cette préparation dans les petits pots.

Mettez au réfrigérateur au moins 30 minutes puis servez à la petite cuillère.

Pour 1 portion
Préparation : 5 min
Repos : 10 min
Difficulté : *

€ € € €

- 1 mixeur
- 1 petite assiette creuse
- 1 fourchette

INGRÉDIENTS :

- 30 g de fraises
- 1 tranche de pain d'épice
- 1 petit-suisse

Purée de fruits au pain d'épice

De 6 à 9 mois

Lavez, équeutez les fraises. Coupez-les en petits morceaux. Écrasez-les à l'aide d'une fourchette pour obtenir une purée très fine.

Mixez la tranche de pain d'épice. Mettez la chapelure obtenue dans une petite assiette creuse ou un bol.

Ajoutez le petit-suisse légèrement battu. Incorporez la purée de fraises.

Mélangez bien. Laissez reposer 10 minutes avant de servir.

variante

Vous pouvez bien sûr remplacer les fraises par d'autres fruits de saison (abricots, pêches…).

c'est bon pour lui

Lait, yaourt, petit-suisse… apportent des protéines d'origine animale essentielles en phase de croissance et de bonnes doses de calcium, phosphore et vitamines.

Préparez ce goûter un peu à l'avance afin que le pain d'épice s'imprègne bien du mélange fruits/petit-suisse.

Pour 1 portion
Préparation : 10 min
Difficulté : *
€ € € €

- 1 fourchette
- 1 petit bol
- 1 économe

INGRÉDIENTS :

- 1/2 poire bien mûre
- 1 cuil. à café de sirop de grenadine (fait maison ou artisanal)
- 1 biscuit spécial bébé
- quelques gouttes de jus de citron

Mousse de fruits au biscuit

De 6 à 9 mois

Épluchez la demi-poire, ôtez le cœur et les pépins.

Coupez la chair en petits morceaux. Arrosez-les de quelques gouttes de jus de citron afin qu'ils ne brunissent pas.

Incorporez le biscuit émietté. Ajoutez le sirop de grenadine.

Écrasez cette préparation à l'aide d'une fourchette jusqu'à l'obtention d'une mousse très fine. Servez.

variante

Pour renouveler la saveur de ce dessert et éveiller le goût de votre tout-petit, vous pouvez remplacer le sirop de grenadine par un sirop de fraises, de framboises ou un mélange de fruits rouges.

c'est bon pour lui

Voilà un dessert très complet. Votre tout-petit trouvera dans le jus de poire de l'eau, des vitamines, de nombreux minéraux et oligoéléments, ainsi que des fibres qui sont bien tolérées par son intestin (surtout parmi les variétés de poire à chair fondante comme la williams, la passe-crassane ou la comice). Les glucides lents contenus dans le biscuit lui apportent de l'énergie et une sensation agréable de satiété.

150
120
90
60
30

Pour 1 portion
Préparation : 5 min
Cuisson : 5 min
Difficulté : *

€ € € €

- 1 casserole
- 1 mixeur
- 1 petite assiette

INGRÉDIENTS :

- 12,5 cl de lait 2e âge
- 20 g de flocons d'avoine (2 cuil. à soupe bombées)
- 1/2 pêche ou 1 oreillon de pêche en boîte sans sucre ajouté

Bouillie à la pêche

De 6 à 9 mois

Versez le lait dans une casserole, ajoutez les flocons d'avoine, amenez à ébullition et laissez cuire à feu doux pendant 5 minutes.

Égouttez l'oreillon de pêche s'il est en boîte ou pelez la pêche fraîche, puis coupez en morceaux.

Mixez la pêche, versez la bouillie dans une petite assiette et nappez de coulis de pêche.

Laissez tiédir avant de servir (selon la consistance souhaitée, vous pouvez aussi mixer les flocons d'avoine cuits avec la pêche).

variante

Remplacez les flocons d'avoine par de la farine, de la semoule fine ou de la fécule de maïs.

c'est bon pour lui

En l'absence de terrain allergique et selon avis médical, le gluten peut être introduit à partir de 6 mois. Si votre bébé doit éviter le gluten, remplacez les flocons d'avoine par de la fécule de maïs et vérifiez l'absence de gluten dans la pêche en boîte.

Pour 1 portion
Préparation : 5 min
Cuisson : 10 min
Difficulté : *

- 1 petite casserole
- 1 couvercle
- 1 mixeur
- 1 petit bol

INGRÉDIENTS :

- 3 ou 4 abricots selon leur taille (100 g)
- 3 pruneaux dénoyautés
- 1/2 cuil. à café de miel

Compote d'abricots aux pruneaux

De 6 à 9 mois

Lavez et séchez les abricots. Retirez les noyaux et coupez-les en morceaux, ainsi que les pruneaux.

Placez les abricots et les pruneaux dans une petite casserole avec un fond d'eau, couvrez et laissez cuire à feu doux pendant 10 minutes.

Mixez les abricots et les pruneaux après avoir ajouté le miel ainsi que 2 cuillerées à soupe de jus de cuisson des fruits.

Servez dans un petit bol et laissez refroidir.

variante

Vous pouvez utiliser des abricots surgelés que vous décongélerez selon les indications notées sur l'emballage, ou bien remplacer les abricots par de la pêche (fraîche, surgelée ou au sirop) : dans ce dernier cas, n'ajoutez pas de miel.

c'est bon pour lui

On évite d'ajouter du sucre aux compotes pour nourrissons afin de ne pas les habituer à un goût trop sucré, les fruits étant déjà naturellement sucrés. Ici, l'acidité de l'abricot cuit est équilibrée par la présence de miel et de pruneaux pour un goût final peu sucré.

Pour 1 portion
Préparation : 5 min
Difficulté : *

€ € € €

- 2 petits bols
- 1 casserole
- 1 petit fouet

INGRÉDIENTS :

- 12,5 cl de lait 2e âge
- 10 g de fécule de maïs (2 cuil. à café)
- 1 pointe de couteau de vanille en poudre

Crème à la vanille

De 6 à 9 mois

Dans un petit bol, déposez la fécule de maïs, versez le lait froid progressivement en mélangeant au fouet. Ajoutez la vanille et mélangez à nouveau.

Transvasez ce mélange dans une casserole.

Amenez à ébullition tout en fouettant régulièrement, attendez quelques secondes et retirez du feu.

Versez la crème dans un bol et laissez refroidir.

variante

Parfumez cette crème avec un peu d'eau de fleur d'oranger.

c'est bon pour lui

Cette crème est sans gluten grâce à l'utilisation de fécule de maïs.

Pour 1 portion
Préparation : 5 min
Difficulté : *

Milk-shake
à la banane

De 6 à 9 mois

- 1 mixeur
- 1 biberon

INGRÉDIENTS :

- 1 banane bien mûre
- 12 cl de lait 2e âge
- 1 pointe de couteau de vanille en poudre

Retirez la peau de la banane et coupez la chair en rondelles.

Mixez la banane avec le lait et la vanille jusqu'à obtention d'une consistance mousseuse.

Versez le milk-shake dans un biberon et conservez-le au frais s'il n'est pas consommé tout de suite.

Pour 1 portion
Préparation : 5 min
Difficulté : *

Yaourt à boire
à la poire

De 6 à 9 mois

- 1 mixeur
- 1 biberon

INGRÉDIENTS :

- 1/2 yaourt nature spécial nourrisson
- 1/2 poire bien mûre
- lait 2e âge

Pelez la demi-poire et coupez-la en petits dés.

Mixez ensemble la poire et le yaourt, ajoutez un peu de lait selon la consistance désirée.

Versez le yaourt à boire dans un biberon et réservez au frais s'il n'est pas consommé tout de suite.

Compote de pomme à l'orange

De 6 à 9 mois

Pour 3 portions
Préparation : 10 min
Cuisson : 10 min
Difficulté : *

€ € € €

- 1 casserole
- 1 zesteur ou 1 râpe fine
- 1 presse-agrumes
- 1 mixeur
- 1 bol • 1 économe

INGRÉDIENTS :

- 2 pommes
- 1 orange non traitée
- 20 cl de lait 2e âge
- 1 c. à s. de sucre vanillé
- 1 c. à s. de crème anglaise

Pelez la peau de l'orange avec un zesteur ou une râpe fine, pour obtenir des zestes. Pressez le jus de l'orange.

Épluchez les pommes et ôtez le trognon. Coupez-les en quartiers. Débitez ces quartiers en tranches fines, puis en petits morceaux. Mettez-les dans une casserole avec 1 cuillerée à soupe de zestes d'orange. Versez 1 cuillerée à soupe de jus d'orange. Couvrez.

Laissez cuire 10 minutes à feu doux jusqu'à ce que les morceaux de pomme soient bien tendres.

Mixez les pommes en purée, incorporez le lait, le sucre vanillé et la crème anglaise. Mélangez bien. Versez 1/3 de cette compote dans un bol et servez-la.

Congelez le reste si ce n'est pas consommé dans les 24 heures.

Crème renversée au coulis de fruits

De 6 à 9 mois

Pour 2 portions
Préparation : 10 min
Cuisson : 35 min
Difficulté : *

€ € € €

- 1 bol • 1 fouet
- 1 plat à four à bord haut
- 1 casserole • 1 mixeur
- 2 ramequins individuels
- 1 petite assiette

INGRÉDIENTS :

- 25 cl de lait 2e âge
- 1 sachet de sucre vanillé ou 1/2 c. à c. de miel d'acacia
- 1 œuf – 1 abricot
- 1 prune rouge

Fouettez dans un bol l'œuf avec le sucre vanillé ou le miel. Ajoutez progressivement le lait sans cesser de remuer. Répartissez cette préparation dans deux ramequins individuels.

Préchauffez le four à 180 °C (th. 6). Placez les deux ramequins dans un plat allant au four. Remplissez-le d'eau au tiers. Pour que l'eau ne rentre pas dans les ramequins, celle-ci doit être à 1 cm au-dessous de leur bord. Faites cuire au bain-marie pendant 35 minutes. Laissez refroidir.

Pendant ce temps, lavez, essuyez les fruits. Coupez-les en petits morceaux. Mettez-les dans une casserole, ajoutez 2 verres d'eau. Faites cuire à feu doux 15 minutes. Mixez les fruits.

Laissez refroidir avant de verser ce coulis autour de la crème démoulée dans une petite assiette. Recouvertes d'un film alimentaire, ces crèmes se conservent très bien 24 heures au réfrigérateur.

Pour 1 petit pot
Préparation : 15 min
Cuisson : 15 min
Réfrigération : 30 min
Difficulté : *

- 1 couteau
- 2 casseroles
- 1 couvercle
- 1 récipient
- 1 fouet
- 1 petit pot

INGRÉDIENTS :

- 1 poire mûre
- 5 prunes mûres
- 1 cuil. à café de sucre vanillé

Pour la crème :
- 5 g de farine de maïs
- 10 cl de lait 2e âge
- 10 g de sucre

Crème aux fruits

De 6 à 9 mois

Épluchez la poire. Coupez-la en deux, retirez la queue et les pépins. Coupez-la en fines lamelles. Lavez les prunes. Essuyez-les, coupez-les en deux et retirez les noyaux. Détaillez-les en petits morceaux.

Mettez les fruits dans une casserole. Ajoutez 1 cuillerée à soupe d'eau, le sucre vanillé. Mélangez. Couvrez. Laissez cuire 10 minutes sur feu doux. Réduisez en compote.

Pendant ce temps, dans un récipient, mélangez la farine de maïs et le sucre dans le lait froid. Mettez à chauffer sur le feu, au bain-marie, tournez continuellement jusqu'à épaississement. Laissez refroidir hors du feu.

Incorporez la crème à la compote. Versez cette préparation dans le petit pot.

Placez au réfrigérateur au moins 30 minutes puis servez à la petite cuillère.

variante

Vous pouvez profiter des nombreuses variétés de prunes pour préparer cette recette ou choisir d'utiliser des fruits d'été : pêches, abricots, nectarines, etc.

c'est bon pour lui

Cette crème aux fruits représente pour votre tout-petit l'avantage d'être à la fois un laitage et un dessert.

Pour 1 petit pot
Préparation : 10 min
Cuisson : 10 min
Réfrigération : 30 min
Difficulté : *

€ € € €

- 1 casserole
- 1 fouet
- 1 spatule
- 1 mixeur
- 1 petit pot

INGRÉDIENTS :

- 10 cl de lait 2e âge
- 1 c. à s. de farine de riz bio
- 1 c. à s. de cacao en poudre
- 1 c. à c. de sucre vanillé (facultatif)

Crème de riz au chocolat

De 6 à 9 mois

Versez le lait dans une casserole. Ajoutez la farine de riz. Mélangez bien avec le fouet pour éviter qu'elle ne prenne une consistance granuleuse.

Portez doucement à ébullition pendant 10 minutes, en remuant régulièrement avec une spatule.

Laissez refroidir hors du feu. Incorporez la poudre de cacao et le sucre vanillé (si la poudre de cacao n'est pas déjà sucrée). Mixez jusqu'à obtenir une consistance moelleuse.

Versez cette préparation dans le petit pot. Placez au réfrigérateur au moins 30 minutes puis servez à la petite cuillère.

Pour 1 petit pot
Préparation : 5 min
Cuisson : 5 min
Difficulté : *

€ € € €

- 1 couteau
- 1 plat creux
- 1 fourchette
- 1 casserole
- 1 petit pot

INGRÉDIENTS :

- 1/2 banane
- 1 c. à s. de semoule fine
- 10 cl de lait 2e âge
- 1 pincée de cannelle en poudre
- quelques gouttes de jus de citron

Couscous lait-banane

De 6 à 9 mois

Coupez la banane en rondelles. Placez-les dans un plat creux. Arrosez-les de quelques gouttes de jus de citron pour éviter qu'elles noircissent. Écrasez à la fourchette pour obtenir une purée.

Versez le lait dans une casserole. Faites chauffer doucement sur feu doux, puis versez la semoule en pluie. Mélangez bien. Laissez cuire 5 minutes.

Ajoutez la purée de banane et la pincée de cannelle en poudre. Mélangez bien.

Versez cette préparation dans le petit pot. Vérifiez bien la température avant de donner à la petite cuillère.

Pour 1 portion
Préparation : 5 min
Difficulté : *

€ € € €

- 1 bol
- 1 fouet
- 1 casserole

INGRÉDIENTS :

- 12 cl de lait 2e âge
- 1 jaune d'œuf extra-frais
- 1 cuil. à café de miel d'acacia
- quelques gouttes d'eau de fleur d'oranger, d'extrait de vanille ou quelques feuilles de tilleul

Lait de poule

De 6 à 9 mois

Placez le jaune d'œuf dans un bol.

Versez le lait dans une casserole, faites-le tiédir sur feu doux.

Fouettez le jaune d'œuf avec le miel. Délayez petit à petit avec le lait légèrement tiédi. Ajoutez quelques gouttes d'eau de fleur d'oranger, d'extrait de vanille ou quelques feuilles de tilleul préalablement infusées dans le lait. Fouettez ce mélange pour obtenir une texture très mousseuse.

À partir de 12 mois, vous pouvez ajoutez 1 cuillerée à café de chocolat en poudre.

Pour 1 portion
Préparation : 5 min
Cuisson : 14 min
Difficulté : *

€ € € €

- 1 casserole
- 1 bol

INGRÉDIENTS :

- 1 cuil. à soupe de perles du Japon
- 15 cl de lait 2e âge
- 1 cuil. à café de sucre vanillé
- 1 petit pot de compote de fruits sans sucre ajouté

Délice perlé aux fruits

De 6 à 9 mois

Dans une casserole, versez 25 cl d'eau, portez à ébullition. Ajoutez les perles du Japon ou remplacez-les par du tapioca (fécule extraite de l'amidon du manioc).

Faites chauffer pendant 10 minutes sur feu doux, en remuant souvent.

Ajoutez le lait, le sucre vanillé. Poursuivez la cuisson 2 minutes.

Versez cette crème dans un bol. Laissez refroidir 10 minutes.

Au moment de servir, recouvrez-la de compote de fruits.

Pour 2 portions
Préparation : 10 min
Cuisson : 30 min
Difficulté : *

€ € € €

- 1 casserole
- 1 saladier
- 1 fouet
- 2 petits ramequins
- 1 plaque de cuisson

INGRÉDIENTS :

- 25 cl de lait 2e âge
- 1 œuf
- 1 cuil. à café de sucre
- 1/4 de gousse de vanille

Crème aux œufs

De 6 à 9 mois

Préchauffez le four à 210 °C (th. 7). Versez le lait dans une casserole et faites-le chauffer avec la gousse de vanille fendue dans le sens de la longueur.

Pendant ce temps, fouettez l'œuf et le sucre dans un saladier.

Lorsque le lait bout, retirez la gousse de vanille, versez-le dans le mélange précédent en fouettant. Répartissez la crème dans deux petits ramequins.

Versez de l'eau dans une plaque de cuisson et placez-y les ramequins. Faites cuire pendant 25 minutes et laissez refroidir.

variante

Parfumez cette crème avec un peu d'eau de fleur d'oranger ou de cacao sans sucre.

c'est bon pour lui

Chaque ramequin contient 1 demi-œuf, ce qui correspond à l'équivalent de 25 g de viande ou de poisson : il n'est donc pas nécessaire d'en donner ni au déjeuner, ni au dîner.

Pour 1 portion
Préparation : 10 min
Cuisson : 3 min
Difficulté : *
€ € € €

- 1 économe
- 1 assiette
- 1 mixeur
- papier cuisson

INGRÉDIENTS :

- 1/2 pomme
- 1/8 d'ananas frais (100 g)

Papillote de pomme et d'ananas

De 6 à 9 mois

Pelez la pomme et coupez-la en petits cubes (de 1 à 2 cm de côté). Retirez l'écorce de la part d'ananas ainsi que la partie dure qui est située au centre du fruit.

Coupez la pulpe d'ananas en petits cubes de la même taille que ceux de pomme. Disposez les morceaux de fruits sur une feuille de papier cuisson.

Rabattez la feuille d'un côté puis de l'autre et repliez les deux extrémités sous la papillote pour former un paquet bien fermé. Placez la papillote sur une assiette, enfournez au micro-ondes et laissez cuire pendant 3 minutes environ.

Mixez grossièrement le contenu de la papillote, laissez refroidir et versez la compote sur l'assiette.

variante

Vous pouvez aussi associer dans la papillote poire et ananas ou pomme et fraises.

c'est bon pour lui

La cuisson en papillote permet de conserver au mieux les vitamines des fruits et de développer leur goût grâce à la concentration des saveurs.

Pour 4 portions
Préparation : 15 min
Cuisson : 25 min
Difficulté : *

- 4 petits ramequins
- 2 saladiers • 1 batteur
- 1 casserole
- 1 fouet
- 1 pinceau ou papier absorbant

INGRÉDIENTS :

- 2 œufs
- 20 g de sucre
- 25 g de farine
- 15 g de beurre
- huile pour les moules

Petits biscuits de Savoie

De 6 à 9 mois

Séparez les blancs des jaunes d'œufs et placez-les dans deux saladiers. Mélangez énergiquement les jaunes avec le sucre et préchauffez le four à 190 °C (th. 6-7).

Faites fondre au micro-ondes (ou à la casserole) le beurre coupé en petits morceaux pendant 30 secondes à 1 minute selon sa puissance, puis ajoutez au mélange précédent le beurre fondu et la farine tout en fouettant.

Battez les blancs d'œufs en neige et incorporez-les délicatement à la pâte en la soulevant avec une cuillère en bois. Huilez légèrement les ramequins au pinceau ou à l'aide de papier absorbant.

Répartissez la pâte dans les quatre ramequins et enfournez pour 25 minutes. Laissez refroidir puis démoulez.

Pour 2 portions
Préparation : 5 min
Cuisson : 55 min
Difficulté : *

- 1 casserole
- 1 passoire
- 2 petits bols

INGRÉDIENTS :

- 30 g de riz rond
- 30 cl de lait 2e âge
- 1/2 gousse de vanille
- 1 sachet de coulis de fruits rouges surgelé (50 g)

Riz au lait au coulis de fruits rouges

De 6 à 9 mois

Blanchissez le riz en le jetant dans une casserole d'eau bouillante. Laissez-le cuire pendant 5 minutes, puis égouttez-le.

Versez le lait dans une casserole avec la gousse de vanille fendue en deux et faites chauffer jusqu'à ébullition. Mettez le riz dans le lait bouillant et laissez cuire très doucement pendant 50 minutes.

Retirez la gousse de vanille, décongelez le coulis de fruits 1 minute et 30 secondes au micro-ondes (vérifiez le mode de décongélation sur l'emballage).

Répartissez le riz au lait dans deux bols, nappez de coulis de fruits et laissez refroidir.

Pour 1 portion
Préparation : 15 min
Difficulté : *

€ € € €

Salade de fruits
au miel parfumé

Dès 12 mois

- 1 bol
- 1 petit ramequin pour micro-ondes
- 1 casserole

INGRÉDIENTS :

- 40 g de melon
- 1/4 de poire
- 1/2 petite grappe de raisin
- 1 cuil. à café de miel liquide (ou liquéfié quelques secondes au micro-ondes)
- 1/2 cuil. à café d'eau de fleur d'oranger

Détachez les grains de raisin, lavez-les puis retirez la peau et coupez chaque grain en deux. Retirez les pépins et déposez les grains dans un bol.

Pelez la poire, coupez-la en petits morceaux et ajoutez-les au raisin. Coupez le melon en petits morceaux et ajoutez-les aux fruits déjà découpés.

Versez le miel et l'eau de fleur d'oranger dans un petit ramequin et faites tiédir au micro-ondes ou à la casserole.

Versez ce mélange sur les fruits, mélangez et servez tout de suite.

variante

Vous pouvez aussi confectionner une salade de fruits en associant banane, framboises et pêche. Multicolores et tendres, ces fruits sont faciles à consommer, même crus.

c'est bon pour lui

Préparez cette salade le plus près possible de sa consommation afin de limiter l'oxydation et la perte des vitamines.

Pour 2 à 4 portions
Préparation : 5 min
Cuisson : 20 min
Difficulté : *

€ € € €

Compote de fruits
à la semoule

Dès 12 mois

- 1 casserole
- 1 bol ou 1 petite assiette
- 1 économe
- 1 spatule

INGRÉDIENTS :

- 2 pommes (elstar ou reinette)
- 1 banane
- 1 pincée de cannelle en poudre
- 1 cuil. à café de semoule de blé dur fine
- 1 cuil. à soupe de crème liquide ou 1 petit-suisse

Coupez les pommes en quatre. Épluchez-les et recoupez chaque quartier en deux.

Épluchez la banane et coupez-la en rondelles. Mettez les fruits dans une casserole avec la cannelle et 8 cuillerées à soupe d'eau. Faites cuire 10 minutes à feu doux en remuant de temps en temps à la spatule.

Versez la semoule en pluie sur les fruits. Ajoutez éventuellement un peu d'eau. Poursuivez la cuisson 10 minutes. Ajoutez la crème ou le petit-suisse 5 minutes avant la fin.

Laissez refroidir, puis prélevez la quantité nécessaire au repas, dans un bol ou une petite assiette. Gardez le reste pour le lendemain, en le mettant au réfrigérateur dans un récipient hermétiquement fermé, ou bien congelez-le.

variante

Vous pouvez écraser ou mixer les fruits à l'aide d'un robot en faisant fonctionner l'appareil par à-coups pour obtenir une compote plus ou moins fine.

c'est bon pour lui

Plus consistante grâce à la semoule, cette compote est un véritable dessert complet. Riche en calcium et sucres lents, elle garantit un apport énergétique de longue durée. Elle est idéale après un repas léger composé uniquement de légumes.

Nems tutti frutti

Dès 12 mois

Pour 1 portion
Préparation : 10 min
Cuisson : 10 min
Difficulté : *

€ € € €

- 1 poêle
- 1 casserole
- 1 petite assiette
- 1 paire de ciseaux

INGRÉDIENTS :

- 60 g de fruits de saison
- 1 c. à c. de sucre roux (cassonade)
- 10 g de beurre
- 2 feuilles de brick
- 20 cl de lait

Dans une poêle, faites fondre sur feu doux 5 g de beurre. Ajoutez les fruits coupés en petits morceaux, le lait, le sucre. Laissez cuire 5 minutes en remuant souvent. Laissez refroidir.

Coupez les feuilles de brick en deux. Dans une casserole, faites fondre le reste de beurre. Badigeonnez-en chaque demi-feuille de brick. Répartissez les fruits au milieu de chacune. Repliez sur le dessus les deux côtés de la demi-feuille, puis enroulez-la sur elle-même de manière à former un petit nem.

Faites dorer les nems dans la poêle, jusqu'à ce qu'ils prennent une belle couleur dorée. Servez-les tièdes sur une petite assiette, nappés d'un filet de chocolat ou de miel, ou encore avec 1 yaourt nature dans lequel les tremper comme des mouillettes.

Petit-suisse glacé aux fruits d'été

Dès 12 mois

Pour 2 portions
Préparation : 15 min
Cuisson : 2 min
Congélation : 3 h
Difficulté : *

€ € € €

- 1 casserole
- 1 fourchette
- 1 bol
- 2 bâtonnets en bois

INGRÉDIENTS :

- 2 petits-suisses nature
- 1 pêche jaune
- 1 abricot
- 1 c. à s. de céréales 2e âge

Dans une casserole, portez à ébullition 25 cl d'eau. Piquez la pêche au bout d'une fourchette. Plongez-la 1 minute dans l'eau bouillante. Pelez-la délicatement.

Procédez de la même façon pour l'abricot. Coupez les fruits en très petits cubes. Placez-les dans un bol.

Égouttez les petits-suisses. Rincez, essuyez et conservez les pots. Incorporez les petits-suisses aux fruits. Ajoutez les céréales. Mélangez bien.

Garnissez les pots de ce mélange. Placez une petite cuillère ou un bâtonnet en bois au milieu. Laissez prendre 3 heures environ au congélateur.

Pour 1 petit pot
Préparation : 15 min
Cuisson : 15 min
Difficulté : *

€ € € €

- 1 couteau
- 1 économe
- 2 casseroles
- 1 couvercle
- 1 passoire
- 1 récipient
- 1 petit pot

INGRÉDIENTS :

- 1 pomme
- 2 cuil. à soupe de fruits (frais ou en conserve)
- 2 biscuits secs (sans huile de palme, ni acide gras trans ou hydrogéné)
- 1 cuil. à soupe de Floraline® (spécialité céréalière)
- 25 cl de lait 2e âge

Pomme cuite aux fruits

Dès 12 mois

Dans une casserole, faites chauffer le lait doucement. Ajoutez la Floraline®. Mélangez. Laissez cuire 3 minutes. Intégrez les fruits égouttés, les biscuits émiettés. Mélangez bien. Laissez tiédir.

Pelez la pomme et coupez-la en deux. Retirez la queue et les pépins. Détaillez-la en petits morceaux. Mettez-les dans une casserole. Ajoutez 2,5 cl d'eau. Couvrez et laissez cuire 10 minutes.

Dans un récipient, mettez la préparation à base de Floraline®. Ajoutez la pomme cuite et mélangez bien.

Versez le tout dans le petit pot. Vérifiez bien la température avant de donner à la petite cuillère.

variante

Vous pouvez ajouter à la préparation à base de fruits 1 pincée de cannelle en poudre.

c'est bon pour lui

La Floraline® est un type de féculent composé d'un mélange de semoule de blé et de tapioca. Sa cuisson rapide, sa légèreté et sa digestibilité en font un aliment épatant pour les tout-petits.

Pour 1 petit pot
Préparation : 10 min
Cuisson : 15 min
Difficulté : *

€ € € €

- 1 couteau
- 1 bol
- 1 petit pot

INGRÉDIENTS :

- 2 clémentines
- 1 jaune d'œuf extra-frais
- 1 c. à s. de sucre

Clémentines gratinées

Dès 12 mois

Préchauffez le four à 180 °C (th. 6). Épluchez les clémentines à vif. Coupez-les en petits morceaux. Réservez.

Dans un bol, fouettez le jaune d'œuf avec 1 cuillerée à café d'eau pendant 1 minute. Ajoutez le sucre en pluie. Mélangez bien. Intégrez les petits morceaux de clémentine. Versez cette préparation dans le petit pot. Placez-le dans le four chaud et laissez cuire 15 minutes.

Au bout de ce temps, passez sous le gril du four pour permettre à la surface du petit pot de prendre une belle couleur dorée et gratinée. Vérifiez bien la température avant de donner à la petite cuillère.

Pour 1 petit pot
Préparation : 10 min
Cuisson : 1 à 2 min
Réfrigération : 30 min
Difficulté : *

€ € € €

- 1 couteau
- 1 bol
- 1 presse-fruits
- 1 casserole
- 1 fouet
- 1 petit pot

INGRÉDIENTS :

- 1 orange non traitée
- 1 c. à s. de purée d'amandes
- 1 c. à s. de fécule de maïs bio
- 1 c. à c. de sucre roux

Crème brûlée à l'orange

Dès 12 mois

Coupez l'orange en deux. Pressez-la. Dans un bol, versez la moitié du jus d'orange. Ajoutez la fécule. Mélangez bien.

Dans une casserole, versez le reste de jus. Portez à ébullition sur feu doux.

Incorporez la fécule délayée, sans cesser de remuer avec le fouet. Laissez cuire 1 minute. Hors du feu, incorporez la purée d'amandes. Mélangez bien.

Versez cette préparation dans le petit pot. Placez 30 minutes au réfrigérateur.

Au moment de servir, saupoudrez le dessus de la crème de sucre roux. Faites caraméliser sous le gril du four. Vérifiez bien la température avant de donner à la petite cuillère.

C'EST BON

Pour 1 petit pot
Préparation : 10 min
Cuisson : 15 min
Difficulté : *

€ € € €

- 1 casserole
- 1 couteau
- 1 assiette
- 1 fourchette
- 1 petit pot

INGRÉDIENTS :

- 25 g de riz
- 1 banane
- 2 cuil. à café de coulis d'abricots
- 10 cl de lait 2e âge
- quelques gouttes de jus de citron

Pudding de riz aux fruits

Dès 12 mois

Versez le lait dans une casserole. Portez doucement à ébullition. Ajoutez le riz en pluie. Laissez cuire 15 minutes environ, sur feu doux.

Épluchez la banane. Coupez-la en rondelles. Placez-les sur une assiette. Arrosez de quelques gouttes de jus de citron pour éviter qu'elles s'oxydent. Réduisez-les en purée avec une fourchette.

Ajoutez le coulis d'abricots. Incorporez la purée de banane au riz chaud. Mélangez bien. Laissez tiédir à température ambiante.

Versez dans le petit pot. Vérifiez bien la température avant de donner à la petite cuillère.

variante

Vous pouvez réaliser cette recette en utilisant de la semoule fine à la place du riz et un fruit de saison au lieu de la banane.

c'est bon pour lui

Protégée par sa peau épaisse, la banane contient des minéraux, comme le magnésium et le potassium, de la vitamine C et des vitamines du groupe B. C'est un fruit énergétique car très riche en glucides. Quant à ses fibres, elles activent en douceur les intestins paresseux.

Pour 1 petit pot
Préparation : 10 min
Cuisson : 10 min
Difficulté : *

€ € € €

- 1 passoire
- 1 casserole
- 1 couteau
- 1 mixeur
- 1 poêle
- 1 petit pot

INGRÉDIENTS :

- 150 g de raisins bio
- 1 cuil. à soupe d'amandes effilées

Compote de raisins

Dès 12 mois

Égrainez le raisin. Lavez les grains sous l'eau tiède. Égouttez-les. Coupez les grains en deux et retirez les pépins à l'aide de la pointe du couteau.

Dans une casserole, mettez les grains de raisin, versez 2,5 cl d'eau. Portez doucement à ébullition. Baissez le feu. Laissez cuire 3 minutes à feu doux. Versez cette préparation dans le bol du mixeur. Mixez jusqu'à obtenir une purée homogène.

Mettez les amandes effilées dans une poêle antiadhésive. Faites-les dorer sur feu doux sans cesser de remuer. Écrasez-les grossièrement avec le dos d'une cuillère. Incorporez-les à la compote de raisins. Mélangez bien.

Versez cette compote dans le petit pot. Vérifiez bien la température avant de donner à la petite cuillère.

variante

Vous pouvez remplacer les amandes effilées par des noisettes concassées, légèrement dorées dans une poêle, ou de la poudre de noix de coco pour donner une touche exotique à cette compote.

c'est bon pour lui

Par rapport au blanc, le raisin noir contient davantage de vitamines B (indispensables à la croissance) et PP (qui protègent la paroi des petits vaisseaux capillaires sanguins). Mais, quelle que soit sa couleur, c'est un fruit énergétique et calorique. Pauvre en sodium, mais riche en potassium et en fibres, on le dit laxatif et diurétique.

Pour 1 petit pot
Préparation : 15 min
Macération : 1 h
Cuisson : 15 min
Difficulté : *
€ € € €

- 1 couteau
- 1 économe
- 2 bols
- 1 passoire
- 1 casserole
- 1 mixeur
- 1 batteur ou 1 fouet
- 1 petit pot

INGRÉDIENTS :

- 1/2 pomme
- 1/2 poire
- 1 cuil. à soupe de raisins secs bio
- 1 figue séchée
- 5 cm de bâton de vanille
- 1 pincée de cannelle en poudre
- 1 blanc d'œuf
- 1 cuil. à soupe de sucre glace

Compote de fruits d'automne meringuée

Dès 12 mois

Coupez la figue séchée en petits morceaux. Placez-les dans un bol avec les raisins secs et le tronçon de vanille fendu. Ajoutez la pincée de cannelle. Couvrez avec un peu d'eau. Laissez macérer 1 heure environ à température ambiante. Au bout de ce temps, égouttez les fruits et récupérez le jus.

Épluchez la demi-pomme et la demi-poire. Retirez les pépins. Coupez les fruits en petits morceaux. Placez-les dans une casserole. Ajoutez le jus de marinade des fruits secs.

Laissez cuire 15 minutes environ à feu doux. Versez cette préparation dans le bol du mixeur. Mixez. Versez dans le petit pot.

Dans un bol, montez le blanc d'œuf en neige ferme. Incorporez le sucre glace sans cesser de fouetter. Recouvrez la compote de fruits de meringue. Glissez le petit pot sous le gril du four, juste le temps de faire colorer la meringue.

Vérifiez bien la température avant de donner à la petite cuillère.

variante

Pour réaliser cette recette, vous pouvez aussi utiliser des abricots secs ou des bananes séchées.

c'est bon pour lui

Les fruits secs permettent un apport de protéines important. Ils sont riches en fibres alimentaires, mais aussi source de calcium, de magnésium, de fer et de multiples vitamines indispensables à la croissance.

Pour 1 portion
Préparation : 15 min
Réfrigération : 15 min
Difficulté : *

€ € € €

Salade râpée aux fruits

Dès 12 mois

- 1 râpe
- 1 économe
- 1 bol

INGRÉDIENTS :

- 1/4 de mangue
- 1 quartier de pomme jaune
- 1 quartier de poire
- jus de citron
- 1 biscuit sec
- 1 c. à c. de miel liquide
- 1 c. à s. de yaourt brassé
- 1 pincée de cannelle en poudre

Lavez et épluchez les fruits. Râpez-les finement. Arrosez-les de quelques gouttes de jus de citron pour qu'ils ne s'oxydent pas.

Dans un bol, versez le yaourt brassé, ajoutez le miel, la pincée de cannelle. Mélangez bien.

Incorporez le râpé de fruits. Mélangez et placez au réfrigérateur. Servez bien frais.

Au moment de servir, parsemez le dessus de cette salade de fruits de biscuit sec émietté.

Pour 1 portion
Préparation : 15 min
Cuisson : 10 min
Difficulté : *

€ € € €

Chouquettes farcies

Dès 12 mois

- 1 casserole
- 1 assiette
- 1 fourchette
- 1 économe

INGRÉDIENTS :

- 3 chouquettes
- 1 quartier de pomme
- 4 tranches de kiwi
- 2 tranches de banane
- 1/2 c. à c. de sucre vanillé
- 1 pincée de cannelle en poudre

Lavez et épluchez tous les fruits. Coupez-les en petits morceaux. Placez-les dans une casserole. Ajoutez 2 cuillerées à soupe d'eau, le sucre vanillé, la pincée de cannelle.

Faites cuire 10 minutes sur feu doux. Laissez refroidir à température ambiante.

Versez les fruits cuits dans une assiette creuse. Écrasez l'ensemble en purée à la fourchette.

Faites une entaille dans les chouquettes à l'aide de la pointe d'un couteau.

Remplissez-les de compote de fruits. Servez.

Pour 1 portion
Préparation : 10 min
Cuisson : 15 min
Difficulté : *

- 1 casserole
- 1 petite assiette creuse
- 1 passoire fine

INGRÉDIENTS :

- 1 clémentine
- 1/2 cuil. à café de miel de fleurs
- 5 g de sucre
- 1 feuille de laurier
- 1 pincée de safran
- 1 morceau de 2 cm d'angélique
- 1 anis étoilé

Soupe de clémentines

Dès 12 mois

Épluchez la clémentine. Détaillez-la en quartiers. Retirez les fils blancs.

Placez les quartiers dans une casserole.

Nappez-les de miel, poudrez-les de sucre. Mouillez avec 2 verres d'eau.

Portez à ébullition puis faites cuire 15 minutes. Retournez régulièrement les quartiers de clémentine en cours de cuisson.

Hors du feu, ajoutez la feuille de laurier, le safran, l'anis étoilé. Laissez tiédir.

Au moment de servir, filtrez le jus de cuisson des clémentines. Placez les fruits dans une petite assiette creuse. Nappez-les du sirop de cuisson. Parsemez-les d'angélique détaillée en bâtonnets, puis en très petits dés.

variante

Vous pouvez remplacer la feuille de laurier par une branche de thym ou de citronnelle, l'angélique par de l'orange confite.

c'est bon pour lui

La clémentine possède un fort taux en vitamine C, qui stimule les réactions de défense de l'organisme. À cette qualité indéniable s'ajoutent en outre de nombreux minéraux.

Pour 1 portion
Préparation : 15 min
Cuisson : 10 min
Difficulté : *

- 1 casserole
- 1 économe
- 1 petite cuillère

INGRÉDIENTS :

- 20 g de riz rond
- 1/2 verre de lait
- 1 cuil. à café de sucre
- 1 quartier de mangue
- 1 quartier de melon
- 1 à 2 fraises

Sushis aux fruits

Dès 12 mois

Dans une casserole, faites cuire à feu doux le riz rond avec le lait et le sucre. Laissez cuire jusqu'à totale absorption du liquide. Laissez refroidir.

Prélevez un peu de riz à l'aide d'une petite cuillère. Façonnez 3 ou 4 boules ou cubes avec le riz.

Lavez la ou les fraises, coupez-les en tranches fines. Lavez et épluchez la mangue et le melon. Détaillez-les en fines lamelles à l'aide de l'économe.

Entourez chaque sushi d'une lamelle de fruit. Déposez sur le dessus un morceau de fraise.

variante

Vous pouvez remplacer la fraise par de la poire, de l'ananas, de la pêche, de l'abricot ou de la pomme.

c'est bon pour lui

Préparez sans hésiter pour vos tout-petits explorateurs ces aliments venus d'ailleurs : un excellent moyen de faire découvrir de nouvelles saveurs. L'équilibre alimentaire ne s'obtient que dans la diversité, qui doit se retrouver également au niveau du goût.

Pour 1 portion
Préparation : 10 min
Cuisson : 5 min
Congélation : 3 h
Difficulté : *

€ € € €

Glace panna cotta

Dès 12 mois

- 1 bol
- 1 fouet
- 1 casserole
- 1 couteau pointu
- 1 petit récipient à bord haut
- 1 cuillère à glace

INGRÉDIENTS :

- 25 cl de crème fleurette
- 1 cuil. à soupe de sucre
- 1/2 gousse de vanille
- 1 feuille de gélatine
- 1 cuil. à café de coulis de fraises
- 1 petit cornet à glace

Mettez la feuille de gélatine coupée en morceaux dans un bol. Ajoutez 1 cuillerée à soupe d'eau froide. Laissez ramollir.

Fendez la demi-gousse de vanille en deux dans le sens de la longueur. Grattez l'intérieur à l'aide de la pointe d'un couteau, de manière à récupérer les graines.

Versez la crème liquide dans une casserole. Ajoutez le sucre, les graines de vanille. Mélangez bien. Portez à ébullition sur feu doux. Laissez cuire 5 minutes. Hors du feu, incorporez la gélatine égouttée. Mélangez au fouet. Versez la préparation dans un petit récipient à bord haut. Laissez refroidir. Placez au congélateur 3 heures.

Façonnez une boule dans la crème glacée à l'aide de la cuillère à glace. Déposez-la sur le cornet. Servez cette glace nappée de coulis de fraises.

variante

Vous pouvez utiliser un coulis de fruits prêt à l'emploi ou le confectionner vous-même en mixant quelques fruits avec un peu de sucre. Remplacez la gélatine par de l'agar-agar en poudre.

c'est bon pour lui

La glace représente une façon agréable de consommer des produits laitiers. Elle est riche en calcium (formation et entretien des os, des dents), apporte des lipides (graisses), des glucides (énergie), quelques protéines.

Pour 1 portion
Préparation : 10 min
Cuisson : 15 min
Difficulté : *

€ € € €

- 1 assiette
- 1 petit plat à four
- 1 fourchette
- 1 pinceau

INGRÉDIENTS :

- 1/2 feuille de brick
- 20 g de bleu de Bresse
- 1/4 de poire mûre
- 1 cuil. à soupe de fromage blanc
- huile

Brick à la poire et au bleu

Dès 12 mois

Préchauffez le four à 200 °C (th. 7).

Placez le bleu sur une petite assiette, écrasez-le à la fourchette en le mélangeant au fromage blanc.

Pelez la poire, coupez la pulpe en petits cubes, ajoutez au mélange précédent et mélangez.

Placez la demi-feuille de brick sur un petit plat à four. Déposez le mélange au bleu au centre de la brick et repliez-la pour former un petit paquet.

Retournez la brick pour éviter qu'elle se défasse et huilez légèrement le dessus au pinceau. Enfournez pour 15 minutes et servez tout de suite.

variante

Remplacez la demi-brick par une demi-crêpe non sucrée bien fine.

c'est bon pour lui

Fondant de la poire et croustillant de la brick, douceur sucrée du fruit et caractère affirmé du fromage : des associations bien stimulantes pour les papilles de bébé !

Au goûter, complétez cette brick par un petit fruit.

Compote meringuée

Dès 12 mois

Pour 2 portions
Préparation : 10 min
Cuisson : 4 min
Difficulté : *

€ € € €

- 2 petits plats à four
- 1 plat et 1 couvercle pour micro-ondes
- 1 bol
- 1 économe
- 1 fourchette
- 1 batteur électrique

INGRÉDIENTS :

- 2 pommes
- 1 blanc d'œuf
- 1 cuil. à café de sucre
- 2 pointes de couteau de vanille en poudre

Pelez les pommes et coupez-les en petits morceaux. Placez-les dans un plat convenant au micro-ondes, ajoutez un peu d'eau, couvrez et faites cuire pendant 4 minutes.

Laissez reposer pendant 1 minute, éliminez l'eau rendue pendant la cuisson et écrasez grossièrement les pommes à la fourchette. Placez-les dans deux petits plats à four et préchauffez le gril du four.

Saupoudrez les pommes de poudre de vanille et laissez refroidir. Versez le blanc d'œuf dans un bol et battez-le en neige ferme. Répartissez le blanc en neige sur les deux plats de compote et lissez la surface avec le dos d'une cuillère.

Saupoudrez de sucre et enfournez dans la partie haute du four. Laissez dorer quelques minutes et retirez du four (surveillez bien, la meringue peut brûler très vite).

variante

Remplacez les pommes par des poires ou des pêches.

c'est bon pour lui

Contrastes intéressants pour ce dessert entre le croustillant du sucre gratiné, la douceur lisse, fondante et sucrée de la meringue et la légère acidité de la pomme cuite.

Pour 2 portions
Préparation : 10 min
Cuisson : 10 min
Difficulté : *

€ € € €

- 1 casserole
- 1 presse-citron
- 1 fouet
- 2 ramequins

INGRÉDIENTS :

- 20 cl de lait
- 1 œuf
- 2 cuil. à soupe rases de fécule de maïs
- 1 citron
- 4 cuil. à café de sucre

Crème dorée au citron

Dès 12 mois

Dans une casserole, versez la fécule de maïs, 2 cuillerées à café de sucre et ajoutez l'œuf entier. Préchauffez le gril du four.

Pressez le citron, ajoutez progressivement dans la casserole le lait, puis le jus de citron tout en fouettant. Placez la casserole sur le feu en fouettant régulièrement jusqu'à ébullition.

Retirez du feu après quelques secondes et versez la crème dans les ramequins. Saupoudrez le dessus des crèmes avec le reste du sucre et enfournez en les plaçant sous le gril du four.

Laissez-les environ 5 minutes en surveillant régulièrement : les crèmes doivent dorer sans brûler (le temps peut varier selon la distance entre les crèmes et la résistance du four).

variante

Remplacez le citron par de l'orange ou de la clémentine.

c'est bon pour lui

La quantité de sucre indiquée est plus importante que dans les recettes habituelles de desserts pour compenser l'acidité du citron. Mais la crème reste acidulée, et c'est ce qui est important pour éviter aux tout-petits de s'habituer à un goût trop sucré.

MES P'TITS DESSERTS ET GOÛTERS

Petit-suisse aux fruits secs

Dès 12 mois

Pour 1 portion
Préparation : 5 min
Difficulté : *

€ € € €

- 1 mixeur
- 1 petit bol
- 1 petit ramequin
- 1 petite casserole
- 1 assiette

INGRÉDIENTS :

- 2 petits-suisses (60 g chacun)
- 1 c. à s. de mendiants (mélange de raisins secs, noix, amandes, noisettes...)
- 1/2 c. à c. de miel liquide (ou liquéfié au micro-ondes)
- 1 c. à s. de lait

Mixez les mendiants et versez-les dans un petit bol.

Mélangez le miel et le lait dans un petit ramequin.

Faites tiédir ce mélange quelques secondes au micro-ondes ou à la casserole, mélangez et ajoutez les petits-suisses. Incorporez les mendiants mixés et mélangez.

Placez les petits-suisses aux fruits secs sur une assiette et servez tout de suite.

Pomme cuite au chocolat

Dès 12 mois

Pour 1 portion
Préparation : 5 min
Cuisson : 5 min
Difficulté : *

€ € € €

- 1 assiette creuse et 1 couvercle pour micro-ondes
- 1 évide-pomme
- 1 économe
- 1 petit ramequin

INGRÉDIENTS :

- 1 pomme
- 1 petit carré de chocolat (5 g)

Pelez la pomme à l'économe, retirez le trognon en utilisant un évide-pomme, posez-la sur une assiette creuse et couvrez. Faites cuire au micro-ondes pendant 4 minutes environ selon la puissance de votre four et la taille de la pomme.

Laissez tiédir la pomme sans jeter le jus de cuisson. Pendant ce temps, déposez le chocolat dans un petit ramequin et ajoutez 2 cuillerées à café de jus de cuisson de la pomme.

Placez ce ramequin au micro-ondes et faites chauffer pendant environ 30 secondes, puis laissez reposer 2 minutes.

Mélangez le chocolat fondu énergiquement pour obtenir une sauce homogène et nappez-en la pomme tiède. Servez aussitôt (en refroidissant, le chocolat devient plus épais).

Mini-clafoutis aux cerises

Dès 12 mois

Pour 2 portions
Préparation : 5 min
Cuisson : 20 min
Difficulté : *

€ € € €

- 1 saladier
- 1 plat pour micro-ondes (si les cerises sont surgelées)
- 1 fouet
- 2 petits ramequins

INGRÉDIENTS :

- 100 g de cerises dénoyautées (fraîches ou surgelées)
- 20 g de farine
- 15 g de sucre
- 1 œuf
- 6 cl de lait
- 1 cuil. à café d'huile

Préchauffez le four à 180 °C (th. 6) et décongelez éventuellement les cerises : disposez-les dans un plat adapté, enfournez-les au micro-ondes et faites-les chauffer pendant 30 secondes.

Dans un saladier, mélangez la farine, le sucre, l'œuf, l'huile et délayez progressivement avec le lait en mélangeant au fouet.

Répartissez les cerises dans deux ramequins et versez la moitié de la pâte dans chacun.

Enfournez pour 20 minutes et laissez refroidir.

variante

Remplacez les cerises par un mélange de fruits comme des pommes, des poires, des pêches, de l'ananas, des abricots…

c'est bon pour lui

Du fait de la présence d'œuf en quantité suffisante dans ce délicieux dessert, inutile de donner de la viande ou du poisson dans la même journée.

Suggestion de menu pour le déjeuner : salade de tomate et de pomme de terre à la mozzarella et mini-clafoutis aux cerises.

Index

Index général

Index par rubriques

Mes p'tits légumes

Mes p'tits plats de viande et poisson

Mes p'tits desserts et goûters

Index par ingrédients

CRÉDITS TEXTES

Recettes d'Arielle Rosin : pages 8, 10, 12, 14, 16, 18, 24, 26, 34, 38, 40, 42, 44, 46, 54, 56, 58, 60, 62, 64, 70, 78, 80, 82, 84, 86, 88, 96, 98, 100, 102, 104, 110, 112, 114, 116, 118, 120, 122, 124, 126, 128, 130, 132, 134, 136, 148, 150, 152, 156, 158, 160, 164, 166, 168, 170, 172, 182, 184, 186, 188, 198, 200, 202, 204, 206, 208, 210, 212, 214, 216, 218.

Recettes de Martine Walker : pages 20, 22, 28, 30, 32, 36, 48, 50, 52, 66, 68, 72, 74, 90, 92, 94, 106, 108, 138, 140, 142, 144, 146, 162, 174, 176, 178, 180, 190, 192, 194, 196, 220, 222 224, 226, 228.

CRÉDITS PHOTOS ET STYLISME

Photographies de Bernard Radvaner et stylisme d'Anne-Sophie Lhomme : pages 20, 22, 28, 30,32, 36, 48, 50, 52, 66, 68, 72, 74, 90, 92, 94, 106, 108, 138, 140, 142, 144, 146, 162, 174, 176, 178, 180, 190, 192, 194, 196, 220, 222, 224, 226, 228.

Photographies de Jean Bono et stylisme de Marie Joub : pages 18, 34, 38, 40, 42, 54, 56, 60, 62, 64, 70, 78, 88, 110, 112, 114, 116, 128, 130, 132, 134, 136, 156, 158, 170, 172, 180, 182, 188, 198, 200, 212, 214, 216, 218.

Photographies de Julie Mechali et stylisme d'Isabelle Guerre : pages 8, 10, 12, 14, 16, 24, 26, 44, 46, 58, 80, 82, 84, 86, 96, 98, 100, 102, 104, 118, 120, 122, 124, 126, 148, 150, 152, 160, 164, 166, 168, 184, 186, 202, 204, 206, 208, 210.